Kobolde im Federkleid

Mit Nymphensittichen kann es zu Hause nie langweilig werden. Die klugen Gesellen sind zu jedem Schabernack aufgelegt und möchten am liebsten überall mit dabeisein. Alles, was neu ist, wird zunächst genau beobachtet, und wenn es sich mit dem Schnabel untersuchen läßt, auf »Herz und Nieren« geprüft. Die geselligen Vögel fühlen sich zusammen mit einem Artgenossen am wohlsten. Deshalb sollten Sie mindestens zwei Nymphensittiche halten. Es ist ein Erlebnis ganz besonderer Art, die Tiere miteinander schmusen zu sehen oder zu beobachten, wie sie sich liebevoll gegenseitig kraulen, miteinander schnäbeln und gemeinsam den nächsten Streich aushecken.

Für einen unerfahrenen Jungvogel ist es gar nicht leicht, an den Leckerbissen zu kommen.

Thomas Haupt

Der Nymphensittich

Artgerecht halten

Gesund ernähren

Richtig verstehen

Fotos: Karin Skogstad
Zeichnungen: Renate Holzner

INHALT

1 Sich vor der Anschaffung informieren

Wie Nymphensittiche in der Natur leben 8
Das Leben im Schwarm 9
Feinde der Nymphensittiche 10
Nachwuchs im Schwarm 12
Die Stammform des Nymphensittichs 13
So kam der Nymphensittich nach Europa 14

Überlegungen vor der Anschaffung 18
Entscheidungshilfen 18
Männchen oder Weibchen? 20
Die Geschlechtsunterscheidung 20
Einzelvogel oder Paar? 22
Kinder und Nymphensittiche 24

Rechtsfragen zur Nymphensittich-Haltung 26
Mietrecht 26
Zucht 26

Worauf Sie beim Kauf achten sollten 28
Woher Sie Nymphensittiche bekommen 28
So sieht ein gesunder Vogel aus 30

Die beliebtesten Farbschläge 34

2 Richtig halten und pflegen

Was Nymphensittiche alles brauchen 42
Ein Vogelheim zum Wohlfühlen 42
Die Ausstattung 44

Mit Nymphensittichen wohnen 50
Tips zum Käfigstandort 50
Gefahrenquellen 54
Achtung Zimmerpflanzen! 55
Der Vogelbaum 56

Abwechslungsreiche Ernährung 58
Fertigfuttermischungen 58
Obst, Gemüse, Kräuter 61

Sorgfältige Pflege 66
Wie »wäscht« sich ein Nymphensittich? 66
Pflegeplan 69

Gesundheitsvorsorge und Krankheiten 72
Der Vogelorganismus 72
Die häufigsten Krankheiten 73

Nymphensittiche züchten 80

3 Verstehen lernen und beschäftigen

Was Nymphensittiche alles können	90
Verhaltensweisen, die Sie kennen sollten	90
Die Lautsprache	94
Was die Federhaube verrät	94
Nymphensittiche sind klug	94
Die Sinnesleistungen	97

Schritt für Schritt Vertrauen aufbauen	98
Zutrauen gewinnen	99

Handzahm machen	101
Die Nachtruhe	102
Der erste Freiflug	102

Spiel und Spaß mit Nymphensittichen	104
Dabeisein ist alles	104
Das richtige Spielzeug	108
Sprechen lernen	110

Haltungsprobleme richtig lösen	112
Nicht zahm werden	112
Streit in der Voliere	115
Der Vogel ist zu dick	116
Die Mauser	117
Federrupfer	117

A Allgemein Wichtiges

Meine Nymphensittiche	118
Der persönliche Nymphensittich-Steckbrief	119

Arten- und Sachregister	120
Adressen	125
Literatur	125
Impressum	126
Wichtige Hinweise	127

Kinder-Extra

Sprechen lernen	14
Sind Nymphensittiche Schmusetiere?	22
Nymphensittiche im Kinderzimmer	53
Den Vögeln eine Freude machen	65
Schnabel wetzen	93
Was können Nymphensittiche alles lernen?	109
Was ist, wenn ein Vogelpartner stirbt?	114

Sich vor der Anschaffung informieren

Nymphensittiche leben schon so lange in Menschenobhut, daß man fast vergessen hat, wo sie eigentlich zu Hause sind. Ihre ursprüngliche Heimat ist jedoch Australien.

1 SICH VOR DER ANSCHAFFUNG INFORMIEREN

Wie Nymphensittiche in der Natur leben

Nymphensittiche bewohnen fast den gesamten Kontinent Australien, mit Ausnahme der feuchten Küstengebiete. Als Lebensraum bevorzugen sie offenes Gelände, welches weit zu überblicken ist, haben jedoch gerne einen Wasserlauf in ihrer Nähe. Außerdem findet man Nymphensittiche sehr häufig in Getreideanbaugebieten, denn hier ist der Tisch reichlich für sie gedeckt. Die eigentliche Grundnahrung bilden aber Grassamen wie die vom Spinifexgras, Unkrautsämereien und Obst.

Dem Klima anpassen

Das Klima in Australien kann sehr schwankend sein. Tagsüber herrschen manchmal über 30 °C, und in der Nacht kann die Temperatur unter 0 °C fallen. Diese starken Schwankungen können die Vögel recht gut mit Hilfe ihres Gefieders überstehen, welches durch Aufplustern mit einer isolierenden Luftschicht versehen wird. Ferner suchen die Tiere auch Körper-

Ein schön ausgefärbter Nymphensittich-Hahn in der Naturfarbe Grau.

LEBENSWEISE IN DER NATUR

Im Flug sind die weißen Spiegel der Flügel gut zu sehen.

kontakt untereinander, um sich zu wärmen.
Die Hitze am Tage wird durch viel trinken, baden im Morgentau, in Wasserlöchern oder kleinen Tümpeln gut verkraftet. Dösen im Schatten und Hecheln mit abgespreizten Flügeln dienen ebenfalls der Körpertemperaturregulierung.
Eine feste Regenzeit gibt es kaum im Lebensraum der Nymphensittiche. Regen fällt zum Teil sehr sporadisch. Dies beeinflußt auch das Brutverhalten der Tiere und des ganzen Schwarmes (→ Seite 12).

Das Leben im Schwarm

In der Regel leben die Tiere mindestens paarweise, meist jedoch in kleinen Schwärmen zusammen. Bei jahreszeitlichen Wanderungen und an Wasserstellen können jedoch bis zu 1000 Tiere zusammenkommen.
Auf der Suche nach Nahrung, Wasser oder einem geeigneten Nistplatz durchstreifen die Nymphensittiche wochenlang das ganze Land. Hierbei kommt ihr überaus gut entwickeltes Flugvermögen zum Tragen. Nahrung nehmen die Vögel grundsätzlich vom Boden aus auf. Auch zum Trinken schwingen sich die Tiere aus der Luft auf den Boden. Hier verhalten sie sich wegen möglicher Feinde und weil sie am Boden recht unbeholfen und hilflos sind, sehr scheu und wachsam.
<u>Vor allem der Zusammenhalt des Schwarmes</u> bietet dem einzelnen Vogel die nötige Sicherheit. Während des geradlinigen und schnellen Fluges werden ständig relativ laute Kontaktrufe zu den Artgenossen abgegeben. Am Boden sind die Vögel dagegen sehr leise.

SICH VOR DER ANSCHAFFUNG INFORMIEREN

Ein gewaltiger Schwarm hat sich auf diesem Baum zusammengefunden.

Der gesamte Schwarm verrichtet alle täglichen Aktivitäten gemeinsam. Fliegen einige Tiere los, um Wasser zu trinken, so folgen alle anderen nach.

Eine Ausnahme bildet die Brut und Jungenaufzucht. Hier arbeiten die Partner Hand in Hand.

Feinde der Nymphensittiche

An Feinden haben Nymphensittiche vor allem Greifvögel zu fürchten, die es besonders auf schwache, kranke und junge Tiere abgesehen haben. Im zusammenhaltenden Schwarm hat es so ein Jäger aber sehr schwer, sich auf ein einzelnes Beutetier zu konzentrieren.

Schlangen erbeuten zwar keine erwachsenen Vögel, können aber das Gelege zerstören und verzehren oder die noch nicht flüggen Jungen fressen.

Auch der Mensch zählt zu den Feinden des Nymphensittichs. Oft werden sie erbarmungslos von den Farmern verfolgt, denn so ein Schwarm kann beträchtliche Ernteschäden im Getreidefeld anrichten. Ferner fallen Vögel dem Straßenverkehr, Unwettern, Trockenheit und Buschfeuer zum Opfer.

NATÜRLICHE FEINDE

SICH VOR DER ANSCHAFFUNG INFORMIEREN

Nymphensittich-Steckbrief

Heimat	Fast ganz Australien, mit Ausnahme der feuchten Küstengebiete.
Lebensraum	Grassteppen, Trockengebiete, Halbwüsten, Landwirtschaftsgebiete, jeweils mit Wasserstelle.
Aussehen	Wildfarbene Stammform (→ Seite 14). Heute gibt es viele Zuchtformen mit verschiedenen Farben und unterschiedlich großer Haube.
Größe	Vom Scheitel bis zur Schwanzspitze etwa 32 cm.
Schwanz	Etwa 15 cm.
Gewicht	Zwischen 80 bis 100 Gramm.
Lebenserwartung	Bis zu 15 Jahren, in Ausnahmefällen auch mehr.
Geschlechtsreife	Mit etwa 9 Monaten.
Brut	In ihrer Heimat meist zwischen August und Dezember.
Mauser	Gegen Ende der Brut verstärkt, eigentlich jedoch kontinuierlich immer mal eine Feder.
Eianzahl pro Gelege	Im Durchschnitt 4 bis 5 Eier, gelegentlich auch mehr.
Eiablage	Alle zwei Tage ein Ei.
Brutbeginn	Meist nach dem zweiten Ei.
Brutdauer	18 bis 21 Tage.
Nestlingszeit	Etwa 33 Tage.

Nachwuchs im Schwarm

Wasser, Futter und Nistmöglichkeiten sind die wichtigsten Faktoren für eine erfolgreiche Jungenaufzucht in der freien Natur.

Ändern sich am Standort der Nymphensittiche die Bedingungen, herrscht z. B. Trockenheit oder sind die Felder abgeerntet, kommen die Vögel langsam in Wanderstimmung. Erst werden nur einige Tiere unruhig, bis schließlich der gesamte Schwarm aufbricht, um sich einen neuen Lebens-

Ein Bad in nassen Blättern ähnelt einem Taubad im Gras.

BRUT UND AUFZUCHT

TIP

Alle heute im Zoofachhandel angebotenen Nymphensittiche stammen aus Nachzuchten. Wildvögel gelangen schon einige Jahrzehnte nicht mehr in den Handel. Sie brauchen also beim Kauf dieser Vögel kein schlechtes Gewissen zu haben. Die Tiere sind ein Leben in der Obhut des Menschen gewohnt.

raum zu suchen. Alte Lebensräume werden dabei eher zufällig wieder neu besiedelt.
In Australien brüten Nymphensittiche meist zwischen August und Dezember. Ausnahmebruten, über das ganze Jahr verteilt, sind jedoch möglich. Nymphensittiche sind Höhlenbrüter. Geeignete Höhlen finden sich in Astlöchern alter Bäume oder in abgebrochenen Baumstümpfen. Da solche Bäume selten sind, gibt es bei den Nymphensittichen kein allzu strenges Revierverhalten.
Zudem bedeutet der Schwarm für den einzelnen Jungvogel letztendlich auch Sicherheit. Nur unmittelbar am Nesteingang werden andere Nymphensittiche vertrieben.
Bald nach dem Auswählen der Nisthöhle beginnt das Weibchen mit der Eiablage. Im Zweitagesrhythmus werden zwischen 2 und 5 Eier gelegt, die von beiden Partnern bebrütet werden. Nach etwa 19 Tagen schlüpfen die Jungen ebenfalls im Zweitagesrhythmus. Sie sind nackt

und hilflos und kuscheln sich eng aneinander, um sich zu wärmen und zu stützen. Die Mutter hudert die Babys, das heißt, sie hält sie warm und umsorgt sie. Anfangs füttert die Mutter alleine. Das Futter erhält sie vom Männchen am Nesteingang.
Je größer die Jungen werden, desto mehr beteiligt sich auch der Vater am Füttern der Kleinen. Nach etwa 4 bis 5 Wochen klettern die Jungen an das Ausflugloch des Niststammes und trainieren auch schon ihre Flügel. Dann wagen sie den ersten Schritt hinaus auf den Nistbaum. Hier werden sie noch weitere 2 bis 3 Wochen betreut. Dies übernimmt in der Regel der Vater.
Die kleinen Nymphensittiche lernen das Leben im Schwarm kennen, schließen sich zu Jungtiergruppen im Schwarm zusammen und werden schließlich in diesen integriert.

Die Stammform des Nymphensittichs

Körperbau: Schlanker und zierlicher als die domestizierten (zum Haustier gewordenen) Artgenossen.
Gefieder: Die Tiere sind grau bis grauschwarz. Haube, Stirn und Wangen sind gelb. Beide

SICH VOR DER ANSCHAFFUNG INFORMIEREN

Geschlechter haben einen orangenen Wangenfleck. Flügeldecken und Armschwingen sind weiß. Das Weibchen hat eine grau, gelbverwaschene Gesichtsmaske, das Männchen eine intensiv gelbe Maske. Beide haben einen nackten grauen Augenring.

Schwanzfedern: Die oberen und mittleren Schwanzfedern sind blaßgrau, die Unterseite des Schwanzes ist dunkelgrau. Beim Weibchen zeigt die Unterseite eine gelbe Wellenzeichnung.

Schnabel: Das Schnabelhorn ist grau.

Lebensweise: Nomadisierender Schwarmvogel, der das ganze Land auf der Suche nach Futter, Wasser und Nisthöhlen durchstreift.

So kam der Nymphensittich nach Europa

Die Besiedlung Australiens von Europa aus geschah erst seit dem 18. Jahrhundert. Je weiter sich die Schiffahrt, damals die einzige Verbindung dorthin, entwickelte, desto mehr Möglichkeiten wurden geschaffen, Güter, Produkte und Tiere aus Australien heraus und in die Alte Welt – nach Europa – zu transportieren. Nun war es auch möglich, lebende Vögel wie etwa Nymphensittiche mitzubringen. Die Erstzucht in Deutschland gelang um das Jahr 1850. Da es keine großen Schwierigkeiten bereitete, die Nymphensittiche zu züchten, nahm ihre Verbreitung sehr schnell zu.

Der lateinische Name

In der Wissenschaft wird jedes Lebewesen in eine Klasse, Ordnung, Familie eingeordnet. Um dies für alle Wissenschaftler auf der ganzen Welt ein-

Lernt jeder Nymphensittich sprechen?

Leider gehören Nymphensittiche nicht zu den großen Sprachtalenten wie etwa ein Graupapagei oder ein Beo. Jedoch können viele Nymphensittiche sehr gut Melodien nachpfeifen. Probiere aus, ob auch deine Vögel Spaß daran haben. Wichtig ist, daß du den Tieren immer wieder die gleiche Melodie vorspielst oder vorsingst. Vielleicht versuchen sie, die Melodie nachzuahmen. Es gibt auch Nymphensittiche, die es lernen, Wörter nachzusprechen. Dazu mußt du viel mit deinen Vögeln üben. Beginne zunächst mit ganz einfachen Wörtern wie etwa »Guten Morgen« oder »Auf Wiedersehen«. Auf der Seite 110 findest du eine genaue Anleitung, wie du deinen Vögeln am besten das Sprechen beibringst.

WIE DER NYMPHENSITTICH NACH EUROPA KAM

Ein Pärchen Weißkopfschecken. Das Männchen krault liebevoll das Weibchen im Nacken.

heitlich zu machen, wurden lateinische Begriffe gewählt. So ist der wissenschaftliche Name des Nymphensittichs: »*Nymphicus hollandicus-Kerr*«.

Der Begriff »*Nymphicus*« stammt aus dem Griechischen und bedeutet Braut, bzw. »nymphikos« – bräutlich, mädchenhaft. So erhielt der Nymphensittich seinen Gattungsnamen wohl durch seine schlanke, nymphenhafte Gestalt.

Mit dem zweiten Teil des Namens, »*hollandicus*«, wollten die Wissenschaftler die Herkunft des Vogels andeuten. »*Hollandicus*« bedeutet aus (Neu)-Holland stammend, und »Neuholland« war der damalige Name von Australien. Der Nachsatz »*Kerr*« bedeutet, daß ein Herr Kerr die Tiere zum ersten Mal wissenschaftlich untersucht und beschrieben hat.

Farbschläge züchten

Auch in der Natur kommen Farbabweichungen in der Gefiederfärbung bei Nymphensittichen vor. Die Tiere sind aber oft recht auffällig gegenüber ihren wildfarbigen Verwandten und werden somit, wenn sie nicht von Menschen eingefangen werden oder viel Glück haben, schnell zur Beute ihrer Feinde. Ihnen fehlt die natürliche Tarnfärbung, die sich im Lauf der Evolution

SICH VOR DER ANSCHAFFUNG INFORMIEREN

entwickelt hat. Da diese Tiere meist nicht lange überleben, haben sie auch kaum eine Möglichkeit, sich fortzupflanzen und somit ihre Farbabweichung genetisch weiterzugeben.

Dies ist in Gefangenschaft anders. Hier betreibt der Züchter die Selektion, also die Auswahl. Er kann gezielte Verpaarungen vornehmen, um bestimmte Merkmale zu fördern und zu festigen oder um sie verschwinden zu lassen. So sind im Lauf der Zeit auch beim Nymphensittich verschiedene neue Gefiederfarben entstanden, die sich mehr oder weniger stark vom Wildtyp unterscheiden.

<u>Wildfarbene Nymphensittiche</u> sind grau, Brust und Bauch können blasser sein. Einige haben einen leicht braunen Anflug. Haube, Stirn und Wangen sind kräftig gelb. Großer orangener Ohrfleck bei beiden Geschlechtern. Der Fleck ist beim männlichen Vogel intensiver. Flügeldecken und Armschwingen sind weiß. Unterrücken und Oberschwanzfedern sowie mittlere Schwanzfedern sind blaßgrau. Die äußeren Schwanzfedern sowie die Unterseite des Schwanzes sind dunkelgrau.

Nackter Augenring in Grau. Das Schnabelhorn ist grau. Die Farbe der Iris ist dunkelbraun, die Füße sind grau. Die Weibchen haben eine grau vermischte Gesichtsmaske und Haube. Der Ohrfleck ist mattorange, die Unterseite der Schwanzfedern ist gelb, aber stark dunkelgrau marmoriert. Dies ergibt eine Wellenzeichnung. Gelbweiße Flecken auf den Innenfahnen der Flügel.

Jungtiere ähneln in der Farbe den Weibchen. Ihr Schnabel ist jedoch fleischfarben. Sie färben mit etwa 3 Monaten um. Junge Männchen haben oft mehr gelbe Federn im Kopfbereich.

Hinweis: Auf den Seiten 34 bis 39 finden Sie die beliebtesten Farbschläge des Nymphensittichs.

> ### TIP
>
> Inzwischen wurden Nymphensittiche in den verschiedensten Farbschlägen gezüchtet (→ Seite 34). Auf das Wesen, das Talent und die Psyche des Vogels hat die Gefiederfarbe allerdings keinen Einfluß. Lediglich die Geschlechtsbestimmung ist bei einigen Farben einfacher als bei anderen.

Diesen beiden Schecken kann man das »Verliebtsein« direkt ansehen.

So sehen gesunde Federn aus.

FARBSCHLÄGE ZÜCHTEN

SICH VOR DER ANSCHAFFUNG INFORMIEREN

Überlegungen vor der Anschaffung

Nymphensittiche haben ein liebes Wesen, sind anpassungsfähig und verspielt, leicht zu züchten und stellen keine allzu großen Pflegeansprüche. Dennoch sollten Sie bereits vor der Anschaffung von Nymphensittichen einige grundlegende Dinge bedenken.

Entscheidungshilfen

1 Nymphensittiche sind als Schwarmvögel sehr gesellig lebende Tiere. Deshalb ist es ratsam, gleich zwei Vögel zu halten. Dennoch brauchen auch zwei Vögel Ihre tägliche Zuwendung und Abwechslung vom tristen Käfigdasein. Sind Sie bereit, den Vögeln die entsprechenden Lebensbedingungen zu bieten?

2 Nymphensittiche werden bei guter Pflege durchschnittlich 15 Jahre alt. Sind Sie bereit, so lange die Verantwortung für das Tier zu übernehmen?

3 Nymphensittiche brauchen einen geräumigen Käfig oder eine Zimmervoliere. Beides ist teuer. Auch das tägliche Futter hat seinen Preis. Im Krankheitsfall müssen Sie einen Tierarzt zu Rate ziehen. Haben Sie diese Ausgaben bedacht?

4 Die Vögel müssen täglich mit Futter und Wasser versorgt werden. Mindestens einmal pro Woche sollte eine Generalreinigung des Käfigs durchgeführt werden. Haben Sie dazu die nötige Zeit?

5 Beim Freiflug in der Wohnung werden manchmal Möbel und Einrichtung verschmutzt (→ Seite 102). Können Sie dies akzeptieren?

6 Häufig verlieren Kinder schnell das Interesse an ihrem Wunschtier (→ Seite 24). Sind Sie in diesem Fall bereit, die weitere Pflege der Vögel zu übernehmen?

7 Haben Sie einen zuverlässigen Pfleger für Ihre Vögel zur Verfügung, wenn Ihr Urlaub ansteht oder Sie aus anderen Gründen nicht zu Hause sein können?

8 Sind in der Wohnung schon andere Tiere vorhanden, die sich mit dem Nymphensittich eventuell nicht vertragen (→ Seite 23)?

9 Nymphensittiche haben eine recht laute Stimme. Stört Sie das?

10 Leiden Mitglieder des Haushaltes an einer Gefiederstauballergie (→ Seite 66), haben sie eine Abneigung gegen Vögel oder ein starkes Ruhebedürfnis?

ENTSCHEIDUNGSHILFEN

Zwei geperlte Vögel.
Nymphensittiche sind ideale
»Einsteigervögel« für Anfänger
in der Vogelhaltung.

SICH VOR DER ANSCHAFFUNG INFORMIEREN

Männchen oder Weibchen?

Wer nicht mit seinen Nymphensittichen züchten möchte, muß auf das Geschlecht der Vögel keinen allzu großen Wert legen. Kommen die Vögel als Jungtiere ins Haus, werden beide Geschlechter gleichermaßen zahm.

Der Hahn, wie das Männchen in der Fachsprache heißt, hat jedoch das größere Nachahmungstalent. Durch sein angeborenes Imponierverhalten gegenüber der Partnerin und den Rivalen ist er bestrebt, seinem »Partner« den Hof zu machen. Dies tut er, indem er einiges, was er hört, versucht nachzuahmen. **Hinweis:** Allerdings lernen nicht alle Hähne Wörter nachzuahmen oder z.B. Melodien nachzupfeifen.

Die Geschlechtsunterscheidung

Vor allem bei Jungvögeln bereitet es einige Schwierigkeiten, Männchen und Weibchen voneinander zu unterscheiden. Beide sehen jetzt noch fast gleich aus.

Bei älteren Tieren, besonders den wildfarbenen, ist das deutlichste Unterscheidungsmerkmal die gelbe Maske, die nur das Männchen aufweist. Die Maske ist bei Jungtieren noch recht blaß. Erst mit etwa 8 bis 9 Monaten färbt sie sich um.

Die Maske, also die Gesichtspartie, die sich in der Farbe stark vom Grundgefieder abhebt, wird beim Hahn je nach Typ sehr hellgelb. Das Gesicht des Weibchens ist körperfarben, bei einigen Farbschlägen mit einem zarten Gelbton überhaucht.

Wichtigstes Unterscheidungsmerkmal für Hennen: Bei fast allen Farbschlägen erkennt man eine gelb-schwarz quergebänderte Schwanzunterseite. Ferner sind die Säume der Schwanzfedern beim

TIP

Oft wird behauptet, nur Männchen würden zahm werden und sprechen lernen. Tatsache ist jedoch, daß beide Geschlechter gleichermaßen zutraulich werden. Durch ihr angeborenes Imponiergehabe versuchen Männchen jedoch eher, ihre Halter stimmlich nachzuahmen. Sie sehen in ihnen eine Art Vorbild und Konkurrenz.

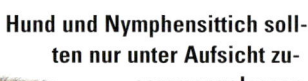

Hund und Nymphensittich sollten nur unter Aufsicht zusammengelassen werden.

GESCHLECHTSUNTERSCHEIDUNG

Mit Hagebutten können Sie Ihrem Nymphensittich eine Freude machen.

SICH VOR DER ANSCHAFFUNG INFORMIEREN

Weibchen leicht weiß, beim Männchen dagegen grau.
Hinweis: Sind Sie sich hinsichtlich des Geschlechts Ihrer Vögel unsicher, fragen Sie einen erfahrenen Züchter, Zoofachhändler oder Tierarzt.

Einzelvogel oder Paar?

Draußen in der Natur leben Nymphensittiche in Schwärmen. Ihr Bedürfnis nach Sozialkontakten und körperlicher Nähe eines Partners ist sehr groß. Dieses Bedürfnis als Mensch bei einem einzeln gehaltenen Vogel zu befriedigen ist im Grunde unmöglich.
<u>Mindestens zwei Nymphensittiche zu halten</u> entspricht den natürlichen Bedürfnissen der Vögel. Voraussetzung dafür ist allerdings, daß man die Nymphensittiche in einem entsprechend großen Käfig unterbringen kann (→ Seite 42 f.).
<u>Einzeln gehaltene Vögel</u> schließen sich ihrem Pfleger enger an, verlangen aber auch sehr viel mehr Zuwendung und Aufmerksamkeit. Sie müssen täglich besonders intensiv beschäftigt werden.
<u>Bei einem Pärchen</u> kann es, auch wenn der Besitzer keine Zuchtabsichten hegt, zur Eiablage durch die Henne kommen. Gebrütet wird aber meist nur dann, wenn ein geeigneter Nistkasten zur Verfügung steht.
<u>Zwei männliche oder zwei weibliche Vögel</u> vertragen sich in der Regel genausogut wie ein Pärchen. Dies gilt besonders, wenn die Tiere jung zueinander kommen. Im Zweifelsfall kann

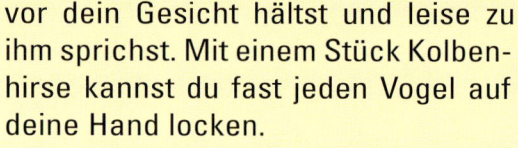

Sind Nymphensittiche Schmusetiere?

Kein Vogel mag es, wenn du ihn mit der Hand greifst und versuchst, ihn zu streicheln. Auch ein Nymphensittich hätte dann das Gefühl, eingeengt und gefangen zu sein.
Der Nymphensittich liebt es jedoch, auf deiner Schulter zu sitzen. Von hier aus möchte er am liebsten den ganzen Tag zusehen, was du alles machst. Ist etwas neu für den Vogel, wird es zunächst interessiert beobachtet und wenn möglich, gründlich mit dem Schnabel untersucht. Gern mag es ein Nymphensittich auch, wenn du ihn auf deinen Finger steigen läßt, ihn vor dein Gesicht hältst und leise zu ihm sprichst. Mit einem Stück Kolbenhirse kannst du fast jeden Vogel auf deine Hand locken.

EINZEL- ODER PAARHALTUNG

Dieser Perlschecke zeigt, wie gelenkig ein Nymphensittich ist.

Vorsicht mit Watte. Teile davon können verschluckt werden und eine Kropfentzündung verursachen.

jeder Vogel die Rolle des anderen, fehlenden Geschlechtspartners übernehmen. Hier kommt es zu einer Art Zweckgemeinschaft bzw. Scheinehe. Hält man mehr als zwei Vögel, sollten Sie immer auf eine ausgewogene Verteilung der Geschlechter achten. In einer Gemeinschaft mit Artgenossen werden die Vögel zwar nicht so zahm wie ein einzeln gehaltenes Tier, bieten aber viele interessante Beobachtungsmöglichkeiten. Zu ihrem Pfleger entwickeln die Nymphensittiche jedoch eine gewisse Vertrautheit.

Nymphensittiche und andere Heimtiere

In der Regel sind Nymphensittiche verträgliche Zeitgenossen. <u>Mit anderen Vögeln</u> wie z.B. Wellensittichen, Reisfinken, Grassittichen, Kanarienvögeln, Unzertrennlichen oder Wachteln lassen sich Nymphensittiche ohne weiteres vergesellschaften.

SICH VOR DER ANSCHAFFUNG INFORMIEREN

<u>Mit Hunden</u> kann die Gemeinschaft gutgehen, sofern der Hund keinen ausgeprägten Jagdtrieb hat. Man sollte Hund und Vogel jedoch nur unter Aufsicht zusammenlassen.

<u>Katzen</u> haben einen ausgeprägten Beutefangtrieb. Selbst wenn der Vogel im Käfig sitzt, versuchen viele Katzen, mit der Pfote durch die Gitterstäbe zu tatzeln.
Das beunruhigt die Nymphensittiche und bedeutet Dauerstreß für sie.

<u>Zwischen Kleintieren</u> wie Hamster, Meerschweinchen, Mäusen oder Kaninchen und Nymphensittich gibt es dagegen keine Probleme.

Kinder und Nymphensittiche

Vögel sind keine Streicheltiere und daher für Kleinkinder keine geeigneten Spielkameraden. Gerade Kinder möchten gerne ihr Tier herumtragen, es fest an sich drücken und es streicheln. Dabei können sie unbeabsichtigst zu grob sein und dem zarten Vogelkörper Verletzungen zufügen.

Haben Kinder ab 7 Jahre jedoch Interesse an der Haltung von Nymphensittichen und werden sie sorgfältig an die Tierpflege herangeführt, so können lange Jahre enger Freundschaft entstehen. Die Kinder lernen so schon früh, Verantwortung für Mitgeschöpfe zu übernehmen. Tägliche Gespräche über den Vogel, wie es ihm geht, ob er munter ist und gefressen hat usw., halten das Interesse am Tier wach und geben Ihnen als Eltern

KINDER UND NYMPHENSITTICHE

Urlaubscheckliste

1. Die Vögel zu Hause lassen:
In ihrer gewohnten Umgebung fühlen sich Nymphensittiche am wohlsten. Sind Sie nur für ein bis zwei Tage nicht im Haus, so ist es auch einmal zu verantworten, die Vögel mit genügend Futter und frischem Wasser in ihrem Käfig zu lassen. Keinesfalls dürfen die Nymphensittiche jedoch frei fliegen. Die Verletzungsgefahr wäre zu groß. Sollten Sie jedoch für einen längeren Zeitraum weg müssen, überlegen Sie sich rechtzeitig geeignete Alternativen.

2. Ein Vogelsitter:
Ein zuverlässiger Pfleger, der während Ihrer Abwesenheit ins Haus kommt und Ihre Tiere versorgt, ist das beste für Ihre Nymphensittiche. Hinterlassen Sie dem Vogelsitter einen genauen Pflegeplan, die Adresse des Tierarztes, Ihre Urlaubsanschrift und ausreichend Futtervorrat.

3. In Pflege geben:
Tierpensionen, Zoofachgeschäfte oder Tierheime bieten häufig Pensionsplätze für Tiere an. Erkundigen Sie sich jedoch rechtzeitig vor Urlaubsantritt, ob ein Pflegeplatz frei ist. Auch Verwandte und Bekannte sind manchmal froh, Ihre Nymphensittiche betreuen zu dürfen.

4. Die Vögel mitnehmen:
Eine veränderte Umgebung und eine strapaziöse Reise bedeuten immer Streß für die Vögel. Deshalb ist es nicht empfehlenswert, Nymphensittiche mit in den Urlaub zu nehmen. Lediglich wenn Sie ein Ferienhaus oder eine Ferienwohnung besitzen und die Autofahrt dorthin nicht allzu lange ist, können die Tiere in ihrem gewohnten Käfig mitreisen. Setzen Sie die Tiere zu keiner Zeit Zugluft, Hitze und praller Sonne aus. Die Autofahrt mit dem Käfig kann man vorher üben. Bei Reisen ins Ausland müssen Sie sich nach den jeweiligen Einreisebestimmungen für Ihre Tiere erkundigen. Auskunft kann der Tierarzt geben.

Ein zahmer Nymphensittich möchte überall dabeisein. Dieser hier läßt sich mit Vorliebe auf der Schulter herumtragen.

einen Überblick über die weitere Entwicklung dieser Partnerschaft.
Das Besorgen von Futter oder das Schneiden von Naturästen als Sitzstangen im Käfig (→ Seite 44), kann eine sinnvolle Beschäftigung sein und stärkt das Selbstwertgefühl der Kinder.

Erst mit etwa 12 Jahren ist ein Kind in der Lage, seine Vögel allein zu versorgen und richtig mit ihnen umzugehen. Dennoch sollten Sie ab und an nach dem Rechten im Vogelkäfig sehen. Schon häufig habe ich in meiner Praxis halbverhungerte Nymphensittiche zu Gesicht bekommen.

SICH VOR DER ANSCHAFFUNG INFORMIEREN

Rechtsfragen zur Nymphensittich-Haltung

Mietrecht

Sind im Mietvertrag keine Bestimmungen über die Tierhaltung enthalten, so ist grundsätzlich davon auszugehen, daß die üblichen Heimtiere in der Mietwohnung gehalten werden dürfen.
Die Heimtierhaltung gehört heute zur allgemeinen Lebensführung und zum vertragsgemäßen Gebrauch der Mietwohnung, solange durch die Tierhaltung keine Belästigungen eintreten (AG Offenbach, Az.: 34 C 705/85; AG Schöneberg, Az.: 8 C 11/91; AG Friedberg, Az.: C 66/93; AG Heidelberg Az.: 20 C 72/92). Dies gilt grundsätzlich auch für die Haltung von Nymphensittichen (OLG Frankfurt, Az.: 6 U 108/ 90), denn diese Tiere sind ihrer Art und Natur nach nicht geeignet, eine Störung des Hausfriedens hervorzurufen (BGH, Az.: VIII ZR 10/ 92). Weder geht von ihnen eine übermäßige Geruchsbelästigung aus, noch geben sie Geräusche von sich, die zu einer Lärmbelästigung anderer Mieter führen können. Ferner sind diese Tiere nicht imstande, größere Beschädigungen an der Wohnung zu verursachen. Der Mieter braucht daher zur Haltung von Nymphensittichen keine ausdrückliche Genehmigung.
Problematisch wird es erst dann, wenn eine ganze Zuchtgruppe mit sehr vielen Tieren gehalten wird. Hier wird man im Einzelfall prüfen müssen, inwieweit der Hausfrieden gestört sein könnte.
Gestört ist nach der Rechtsprechung der Hausfrieden bereits dann, wenn übermäßig viele Heimtiere gehalten werden (OLG München, Az.: 5 U 7178/89) oder wenn Einstreumaterial (Vogelsand) mit der Folge einer Rohrverstopfung in die Toilette eingeleitet wird (LG Berlin, Az.: 45 S 1/93).

Eigentumswohnung

Ein generelles Verbot der Haltung von Nymphensittichen in der Eigentumswohnung kann nur vertraglich durch einen einstimmigen Beschluß der Wohnungseigentümergemeinschaft beschlossen werden. Stimmenmehrheit reicht für ein Tierhaltungsverbot nicht aus (OLG Stuttgart, Az.: 8 W 8/82). Zulässig ist jedoch ein Beschluß der Wohnungseigentümer, der die Tierhaltung in der Eigentumswohnung auf eine vertretbare Zahl begrenzt (OLG Frankfurt, Az.: 11 W 142/87).

Zucht

Wer Nymphensittiche züchten oder gar gewerbsmäßig damit handeln will, bedarf der behördlichen Erlaubnis nach dem Tierseuchengesetz und der Psittakoseverordnung.
Zwar stellt die Papageienkrankheit heute keine nennenswerte Gefahr mehr dar, gleichwohl will der Gesetzgeber sichergestellt wissen, daß die Zucht in einem gesunden Tierbestand erfolgt.
Deshalb, um gegebenenfalls kranke Tiere zurückverfolgen zu können, sind alle Papageien und Sittiche mit einem amtlichen Fußring zu kennzeichnen, der nicht abgenommen werden darf, wenn nicht dem Tier eine Verletzung droht.
Den Fußring sollte der Nymphensittich grundsätzlich tragen, da im Fall des Entfliegens anhand der Ringnummer der Eigentümer über die Wirtschaftsgemeinschaft Zoologischer Fachbetriebe Deutschlands, Rheinstraße 35, 63204 Langen, Tel.: (06103) 91070,

RECHTSFRAGEN

ausfindig gemacht werden kann.
Bei dieser Institution können im übrigen auch die amtlichen Fußringe gegen Vorlage der Zucht- und Handelsgenehmigung bestellt werden.
Um eine Papageienkrankheit zu verhindern, benötigt derjenige, der Nymphensittiche züchten möchte oder aber mit ihnen handeln will, die Erlaubnis der zuständigen Behörde (§ 19 g Tierseuchengesetz).
Stellt sich unerwartet Nachwuchs bei den eigenen Nymphensittichen ein, ohne daß eine gesetzliche Erlaubnis hierzu vorliegt, sind die Jungtiere zunächst einmal »illegal«. Gleichwohl droht dem Züchter hier kein Bußgeld, da die Psittakose-Verordnung einen solchen Tatbestand nicht unter Strafe stellt. In diesem Fall sollte man den zuständigen Amtstierarzt von seinem Züchterglück verständigen. Liegt kein Verdacht auf Psittakose (Papageienkrankheit) vor, so wird dieser sicherlich ein »Auge« zudrücken und eine Ausnahmegenehmigung für den Erwerb von amtlichen Fußringen erteilen. Keinesfalls darf man sich die Fußringe bei Züchtern oder Händlern kaufen. Dies würde zu einem Bußgeld für alle Beteiligten führen. Hat der Amtstierarzt eine Ausnahmegenehmigung erteilt, können die Fußringe bei der Wirtschaftsgemeinschaft Zoologischer Fachbetriebe, (→ Adresse, Seite 26) bezogen werden.

Artenschutz

Im Gegensatz zu den meisten Papageien und Sittichen unterliegt der Nymphensittich keinen Artenschutzbestimmungen. Artenschutzrechtliche Auflagen müssen daher bei der Haltung von Nymphensittichen nicht beachtet werden.

Die Haltung von Nymphensittichen in der Mietwohnung ist auch ohne Einwilligung des Vermieters erlaubt (→ Seite 26).

1 SICH VOR DER ANSCHAFFUNG INFORMIEREN

Worauf Sie beim Kauf achten sollten

Beim Kauf Ihrer Nymphensittiche sollten Sie sich viel Zeit nehmen. Beobachten Sie die zur Auswahl stehenden Vögel einige Zeit, bevor Sie Ihre Wahl treffen. Diese Maßnahme und noch einige andere Tips, die ich Ihnen im nachfolgenden Kapitel gebe, ersparen Ihnen vielleicht spätere Enttäuschungen mit Ihren Nymphensittichen.

Woher Sie Nymphensittiche bekommen

Nymphensittiche werden in allen guten Zoofachgeschäften angeboten. Eine weitere Möglichkeit, einen jungen und gesunden Vogel zu bekommen, ist, sich an einen seriösen Züchter zu wenden.
Ein guter Zoofachhändler und ein verantwortungsbewußter Züchter zeichnen sich dadurch aus, daß sie über ein solides Fachwissen verfügen und schon aus eigenem Interesse heraus bemüht sind, nur gesunde und einwandfreie Tiere anzubieten.
Eine Kaufbescheinigung sollten Sie sich auf jeden Fall ausschreiben lassen. Wenn sich später herausstellt, daß der Nymphensittich z. B. schon beim Kauf an einer Krankheit gelitten hat, können Sie beispielsweise vom Kaufvertrag zurücktreten oder aber den Kaufpreis mindern. Im Kaufvertrag sollten enthalten sein: Datum des Kaufs, Fußringnummer, Kaufpreis, Anschriften des Verkäufers und des Käufers. Auch das Geschlecht des Vogels sollte vermerkt werden, wenn es Ihnen hierauf entscheidend ankommt.
Hinweis: Nymphensittiche über den Postweg von Großhändlern zu kaufen kann ich Ihnen nicht empfehlen. Die Tiere sind durch den Transport gestreßt und krankheitsanfällig.

Die richtige Wahl treffen

Den Vogel, den man erwerben möchte, sollte man sich immer selbst aussuchen und sich persönlich ein Bild von den Haltungsbedingungen machen. Achten Sie auf folgendes:
■ Sind die Käfige, in denen die Tiere untergebracht sind, groß genug, sauber und hell?

Maiskolben sind gesunde Leckerbissen und bieten dem Vogel Beschäftigung.

TIPS ZUM KAUF

Im Flug sind die Beine nach hinten gezogen, um wenig Luftwiderstand zu bieten.

- Sind genügend und vor allem sauberes Futter und Trinkwasser vorhanden?
- Ist Sand als Bodenbelag eingestreut und sieht man, ob regelmäßig gereinigt wird?
- Wie verhalten sich die Vögel? Schlafen auffällig viele Tiere, sind einige davon noch dazu stark aufgeplustert?
- Herrscht drangvolle Enge im Käfig, oder können die Tiere ihrem Bewegungsdrang und Flugbedürfnis wenigstens etwas nachgehen?
- Wenn die Vögel die Möglichkeit haben zu fliegen, tun sie dies auch?

All diese Beobachtungen und Fragen sind wichtige Entscheidungshilfen beim Vogelkauf. Sagen Ihnen das Zoofachgeschäft oder der Züchter, seine Tiere oder seine Käfiganlage aus irgendeinem Grund nicht zu, so kaufen Sie dort

SICH VOR DER ANSCHAFFUNG INFORMIEREN

lieber kein Tier. Sie sollten auch nicht aus Mitleid einen Nymphensittich dort erwerben, denn Sie schaffen damit nur Platz für das nächste bedauernswerte Geschöpf.

Warum der Vogel jung sein sollte

Wenn man nicht die Absicht hat zu züchten, sondern den neuen Hausgenossen als Stubenvogel halten möchte, empfiehlt es sich, einen jungen Vogel auszuwählen (→ Tabelle, Seite 33).

Jungtiere haben meist noch keine schlechten Erfahrungen mit den Menschen gemacht und sind von Natur aus schon recht zutraulich.

Das Zähmen fällt bei einem solch unbedarften Vogelkind in der Regel wesentlich leichter als bei einem Vogel, der schon einige Zeit mit dem Schwarm durch die Voliere geflogen ist und sich vielleicht schon nach einem Vogelpartner umgesehen hat.

Versuchen Sie, einen Jungvogel im Alter von etwa 6 bis 7 Wochen zu bekommen. In diesem Alter sind junge Nymphensittiche für neue Eindrücke und neue Freunde besonders offen.

Der kleine Nymphensittich hat die ersten 4 Wochen im Nistkasten verbracht, wurde dann noch ungefähr 2 Wochen von seinen Eltern betreut und ist nun fast völlig selbständig. Vor allen Dingen kann er jetzt bereits alleine fressen und ist nicht mehr auf das Füttern durch die Eltern angewiesen.

So sieht ein gesunder Nymphensittich aus

Wenn Sie Ihre Nymphensittiche auswählen, sollten Sie in der Lage sein zu beurteilen, ob die Vögel einen gesunden Eindruck machen. Achten Sie auf folgendes:

■ Der Vogel ist munter und aufmerksam.
■ Gesunde Tiere putzen sich und halten Kontakt zu Artgenossen.
■ Beim Schlafen ruhen gesunde Nymphensittiche meist auf einem Bein und haben den Kopf in die Flügelfedern gesteckt.
■ Das Gefieder ist glatt und anliegend. Das Tier hat ein vollständig ausgebildetes Gefieder. Auch Jungtiere haben, wenn sie den Nistkasten verlassen, bereits alle Federn.
■ Die Augen sind klar.
■ Die Nasenlöcher sind offen und durchgängig.

TIP

Beim Vogelkauf sollten Sie sich viel Zeit nehmen. Wählen Sie Ihre Nymphensittiche sorgfältig aus. Beobachten Sie die Tiere eine Zeitlang, bevor Sie sich zum Kauf entschließen. Spontankäufe ziehen häufig Probleme nach sich.

Bilden zwei Nymphensittiche offensichtlich ein Paar, sollten Sie die beiden nicht trennen, sondern beide Vögel kaufen (→ Seite 33).

So läßt sich's leben. Die Henne krault hingebungsvoll dem Hahn das Kopfgefieder.

TIPS ZUM KAUF

SICH VOR DER ANSCHAFFUNG INFORMIEREN

■ Das Gefieder um die Kloake, so nennt man den After bei Vögeln, ist sauber.
■ Das Brustbein ist von Muskulatur umgeben und wirkt nicht eingefallen.
■ Füße und Zehen sollten vollständig sein, das heißt, an jedem Fuß befinden sich vier Zehen. Ferner sollten die Zehen keine Auflagerungen haben und nicht kotverschmiert sein. Eine fehlende Zehe ist meist kein Handicap, eventuell aber ein Grund für einen Preisnachlaß.

<u>So erkennt man einen kranken Nymphensittich:</u>
■ Kranke Tiere sind apathisch und sitzen oft still in einer Ecke. Meist werden sie von Artgenossen gemieden.
■ Das Gefieder ist gesträubt oder geplustert. Manchmal fehlen einzelne Federn oder ganze Gefiederpartien.
■ Augen oder Nasenlöcher können Ausfluß zeigen oder verklebt sein. Meist werden die Augen auch halb zugekniffen, und der Vogel schläft viel.
■ Beim Schlafen sitzt der kranke Vogel häufig auf beiden Beinen.
■ Hat der Vogel Durchfall, ist der After kotverschmiert.
■ Hautrötungen können zu sehen sein. Bitten Sie den Verkäufer, in das Gefieder des Nymphensittichs zu blasen. Auf diese Weise können Sie einen Blick auf Hautpartien des Vogels werfen.
■ Bei kranken Vögeln ist oft die Brustmuskulatur eingefallen, und das Brustbein steht spitz hervor. Man kann dies gut ertasten.
■ Verklebungen an den Füßen und im Gefieder zeigen, daß sich das Tier kaum noch putzt.

Solch eine mit Leckerbissen bestückte Schaukel lädt zum Spielen ein.

EIN PAAR ERKENNEN

So sieht ein junger Nymphensittich aus (bei naturfarbenen Tieren)

	Junger Nymphensittich	Erwachsener Nymphensittich
Augen	Schwarze Knopfaugen.	Schwarze Knopfaugen.
Gefieder	Die Gesichtsmaske ist noch nicht ausgefärbt. Gefiederfarben matter als beim erwachsenen Vogel.	Die Maske ist voll ausgebildet, das Gefieder glänzt in satten Farben.
Schnabel	Fleischfarben.	Grau.
Haube	Noch klein.	Voll ausgebildet.

Hinweis: Beobachten Sie die Vögel über einen längeren Zeitraum. Auch gesunde Tiere ruhen zeitweise oder ziehen sich auch einmal kurz von Artgenossen zurück.

Fallen Ihnen aber verschiedene Krankheitsanzeichen auf, sollten Sie den Vogel nicht kaufen und auch kein anderes Tier aus dem Käfig. Es könnte ebenfalls krank sein.

Woran erkennt man ein Nymphensittichpaar?

Nymphensittiche freunden sich schnell mit einem Artgenossen an. Dies kann auch in einem Zoofachgeschäft passieren. Meist handelt es sich bei einem Paar um Männchen und Weibchen. Es können aber auch Freundschaften zu gleichgeschlechtlichen Artgenossen entstehen.

Paare sollte man keinesfalls entzweien. Entschließen Sie sich statt dessen lieber, gleich beide Vögel zu kaufen. Wenn Sie jedoch unbedingt ein Einzeltier möchten, wählen Sie einen Vogel aus, der offensichtlich noch keinen Partner gefunden hat.

Ein Paar erkennen Sie daran, daß es eng zusammen auf der Sitzstange sitzt und Körper- und Stimmkontakt zueinander hält.

Manche Paare werden zwar nicht so zahm wie ein Einzeltier, sie sind aber zusammen sehr glücklich und leiden nicht so unter dem zeitweisen Alleinsein wie ein einzeln gehaltener Vogel.

SICH VOR DER ANSCHAFFUNG INFORMIEREN

Die beliebtesten Farbschläge

Nymphensittiche gibt es in den verschiedensten Farben. Auf den folgenden Seiten finden Sie die beliebtesten Varianten.

■ Lutinos: Die Tiere haben rote Augen, ein leicht gelbliches Gefieder und orangefarbene Wangenflecken. Die Füße sind hellrosa, der Schnabel und die Krallen weißlichhornfarben.

■ Schecken: Das Erscheinungsbild der Schecken ist relativ uneinheitlich. Sie haben unregelmäßig große, über den ganzen Körper verteilte weiße Flecken und Partien auf dem sonst grauen Gefieder.

■ Zimter: Das Gefieder am Körper dieser Vögel zeigt ein zartes Zimt. Alle anderen Gefiederpartien wie Haube und Kopf sind wie beim Wildfarbenen geblieben (→ Seite 16). Die Nestlinge haben rote Augen, erwachsene Vögel dunkle.

■ Geperlte und Gesäumte: Die Tiere haben auf dem Rücken, der Kehle, Brust und dem Bürzel graue Federn, welche gelb umrandet sind. Es gibt auch Vögel mit hellen, fast weißen Federn, die dunkel umrandet sind. Dies gibt den Nymphensittichen ein geschupptes Aussehen. Die Haube ist bei dieser Farbe dunkel. Junge Männchen, die ja in allen Farbschlägen erst einmal wie Weibchen aussehen, sind also auch geperlt. Werden sie erwachsen, verliert sich die Perlung mit der Zeit, und die Tiere sehen wildfarben aus. Eine aus den Geperlten herausgezüchtete Variante sind die Gesäumten. Diese Vögel haben dunkle Säume um helle Federn. Die Säumung bleibt bei erwachsenen Weibchen vorhanden, verschwindet aber bei den Männchen.

■ Silberfarbene: Diese Vögel haben ein helles, zart silbergraues Gefieder.

■ Weißkopf: Beim männlichen Tier erscheint die Haube reinweiß. Die Kopfregion des Weibchens ist durch ein helles Grau mit Aufhellung im Hintergrund gekennzeichnet.

■ Albinos: Diese Tiere sind rein weiß und haben rote Augen. Selbst der Schnabel und die Krallen sind hell fleischfarben bis weißlich.

Hinweis: Alle Farben sind in der Zucht untereinander kombinierbar. So entstanden z. B. Creme- oder Isabellfarbene und Weiße, die eigentlich hellgelb sind. Ferner gibt es gelbe Schwarzaugen, Zimtschecken, Zimtweißkopf und noch vieles andere mehr.

DIE BELIEBTESTEN FARBSCHLÄGE

Die Zucht von Nymphensittichen hat viele verschiedene Farbvarianten hervorgebracht.

SICH VOR DER ANSCHAFFUNG INFORMIEREN

Naturfarbener Hahn. Gut ist seine gelbe Maske zu erkennen.

Ein Pärchen naturfarbener Nymphensittiche. Knabberstangen mögen alle.

Ein hübsch gescheckter Weibchen.

Foto links: Ein weiblicher Weißkopfschecke.

Bild Mitte: Ein zimtfarbenes Weibchen.

DIE BELIEBTESTEN FARBSCHLÄGE

Albinos haben keine Farbpigmente im Gefieder. Sie sind weiß und haben rote Augen.

Foto oben rechts: Gelber Lutino.

Ein Pärchen naturfarbener Vögel, links das Weibchen, rechts das Männchen.

Maiskolben mag dieser gescheckte Vogel gern.

SICH VOR DER ANSCHAFFUNG INFORMIEREN

Ein Perlschecke mit viel Weiß im Gefieder.

Foto rechts: Ein Weißkopf mit gesäumtem Federkleid.

Ein geperltes Weißkopfweibchen.

Ein hübsch geperlter Vogel mit der Grundfarbe Grau.

DIE BELIEBTESTEN FARBSCHLÄGE

Ein naturfarbenes Weißkopfweibchen.

Die beiden graugeperlten Weibchen verstehen sich gut.

Porträt eines gescheckten Nymphensittichs.

Dieser Schecke mag Cornflakes. Zuviel davon bekommt seiner Gesundheit allerdings nicht.

Richtig halten und pflegen

Ob es einem Nymphensittich gutgeht, sieht man ihm an und man erkennt es an seinem Verhalten: glänzendes Gefieder, blanke Augen, grenzenlose Neugierde und immer darauf erpicht, überall dabeizusein, um nur ja nichts zu versäumen.

RICHTIG HALTEN UND PFLEGEN

Was Nymphensittiche alles brauchen

Bevor Sie Ihre Nymphensittiche beim Zoofachhändler oder Züchter abholen, sollte in Ihrer Wohnung schon alles für die Vögel bereit sein.

Ein Vogelheim zum Wohlfühlen

Für einen Vogel kann kein Käfig groß genug sein. Daran sollten Sie beim Käfigkauf immer denken. Besonders Nymphensittiche sind gute und gewandte Flieger. Doch selbst ein großer Käfig darf kein ständiger Aufenthaltsort für die Tiere sein (→ Freiflug, Seite 102). Die Form des Käfigs sollte rechteckig sein. Runde Käfige sind ungeeignet. Vögel sind keine Hubschrauber, sie fliegen selten senkrecht nach oben, sondern fast nur waagrecht. Also ist die Länge des Käfigs wesentlich wichtiger als die Höhe. Außerdem haben Rundkäfige senkrechte Gitterstäbe und bieten den Vögeln somit keine Klettermöglichkeiten.
Die Mindestkäfiggröße für ein bis zwei Nymphensittiche beträgt etwa 80 cm x 60 cm x 80 cm.

Hinweis: Als grobes Richtmaß für die Käfiggröße gilt: Die Vögel müssen im Käfig ihre beiden Flügel ungestört ausbreiten können. Ein aufrechtes Sitzen sollte für den Vogel immer möglich sein.
Die Gitterstäbe müssen waagrecht verlaufen und sollten einen Abstand von 1,5 bis 2 cm voneinander haben. Nymphensittiche klettern gerne und halten sich dabei mit ihrem Schnabel am Gitter fest. Durch den entsprechenden Abstand der Gitter wird verhindert, daß der Vogel sich Schnabel oder Füße einklemmen kann. Die Gitterstäbe sollten matt verchromt oder galvanisch verzinkt sein. Plastikummantelungen nagen die Vögel an und verschlucken die Teilchen. Dies kann zu Verdauungsproblemen führen.
Die Bodenwanne sollte aus bruchsicherem Hartplastik bestehen. Eine Schublade in der

TIP

Der Käfig sollte einen festen Platz in der Wohnung haben. Bedenken Sie, daß Nymphensittiche keine Hektik mögen, aber auch nicht einsam in einem wenig benutzten Raum sitzen möchten. Ein Platz am Fenster ist ideal, zumal die Vögel hier Eindrücke von außen erhalten. Achten Sie darauf, daß die Tiere nie der prallen Sonne ausgesetzt sind. Das Vogelzimmer sollte immer gut gelüftet sein, der Käfig mit den Vögeln jedoch nie im Durchzug stehen (→ Seite 50).

Ab und zu darf der Nymphensittich einige Cornflakes naschen.

KÄFIG UND VOLIERE

Nymphensittiche sind ausgezeichnete Flieger. Der Freiflug in der Wohnung ist ein Muß für diese Vögel.

Gefieder zerstört (→ Käfigausstattung, Seite 44 f.).

Volieren

Eine geräumige Zimmervoliere oder eine Freivoliere mit Schutzraum im Garten bietet sich vor allem dann an, wenn Sie mehrere Tiere halten oder sogar verschiedene Arten vergesellschaften möchten. Hier fühlen sich Nymphensittiche ausgesprochen wohl und können ihre natürlichen Verhaltensweisen ausleben. Man muß jedoch bedenken, daß

Bodenwanne erleichtert das Wechseln des Bodenbelags (→ Seite 68).

Achten Sie darauf, daß die Schublade gut gängig ist und nicht hakt.

Zwei entsprechend große Türen im Käfig sind sehr vorteilhaft, um die täglichen Arbeiten am Käfig verrichten zu können und um später auch einmal den zahmen Vogel auf der Hand aus dem Käfig zu nehmen.

Die Sitzstangen dürfen nicht zu dicht an den Käfigenden angebracht werden, damit sich die Vögel nicht ständig das Schwanzgefieder am Käfiggitter stoßen. Dadurch wird das

Volierenvögel in der Regel nicht ganz so zutraulich werden wie Käfigvögel.

Zimmervolieren erwirbt man am besten im Zoofachgeschäft. Die Kriterien, nach welchen Sie die Voliere auswählen sollten, sind die gleichen wie für den Käfig beschrieben. Praktisch sind Volieren, die auf einer Rollenkonstruktion stehen. Sie lassen sich leicht hin- und herschieben. Dies ist ein Vorteil beim Reinigen der Wohnung, und man kann die Voliere auch einmal auf den Balkon

RICHTIG HALTEN UND PFLEGEN

fahren, um den Tieren an einem Sommertag ein Sonnenbad oder Frischluft zu ermöglichen (→ TIP, Seite 42).
Hinweis: Bedenken Sie, daß Zimmervolieren aus Platzgründen oft nicht vorrätig sind und erst bestellt werden müssen.
Eine Gartenvoliere kann man mit etwas Geschick nach Anleitung aus entsprechender Fachliteratur selber bauen (→ Bücher, die weiterhelfen, Seite 125) oder läßt sie sich von einem Spezialhersteller liefern (→ Foto, Seite 49).

Die Sitzstangen
Ebenso wichtig wie die Käfiggröße und der Standort des Käfigs, ist seine Einrichtung. Die Sitzstangen sind oft schon im Käfig enthalten. In der Regel bestehen sie aus Plastik und sind stark geriffelt. Dies schädigt die Fußsohlen der Vögel. Ebenso verhält es sich mit dem im Handel erhältlichen Sandpapier für die Sitzstangen. Es soll die Krallen abnutzen, verletzt aber tatsächlich die Fußunterseite.

■ Am geeignetsten sind entweder gedrechselte Hartholzstangen, die mit zwei Schlitzen an den Enden in die Gitterstäbe eingeklemmt werden, oder noch besser Naturholzäste, die man ebenso befestigt.

■ Naturholzäste haben den Vorteil, daß durch ihre unregelmäßige Oberfläche die Nymphensittiche eine Art Fußmassage erhalten. Außerdem benagen die Vögel die Rinde, versorgen sich so mit Mineralstoffen, haben

Empfehlenswerter Futternapf.

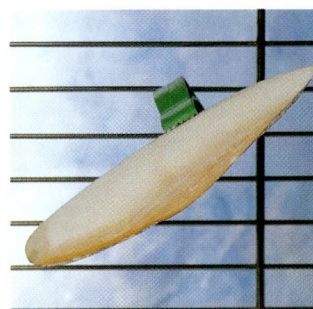

Schnabelwetzstein aus Sepia.

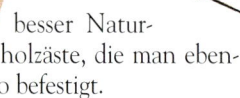
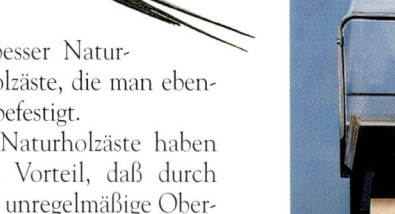

Oben: Badehäuschen.
Links: Durchsichtige Transportbox aus Kunststoff.

DIE KÄFIGAUSSTATTUNG

So sieht ein geräumiger Nymphensittichkäfig aus. Er bietet zwei Vögeln ausreichend Platz.

Beschäftigung und pflegen dabei gleichzeitig ihren Schnabel.

■ Die Mehrzahl der Sitzstangen sollte so dick sein, daß die Vögel sie nicht mit den Füßen umgreifen können. Hierdurch reiben die Krallen an den Stangen und werden abgenutzt. Ferner sollte ein dünnerer Ast vorhanden sein, um die Zehen beim Umgreifen zu trainieren.

■ Auch die Anzahl der Stangen ist für das Wohlbefinden Ihrer Vögel wichtig. Zu viele Sitzstangen engen die Bewegungsmöglichkeiten der Vögel im Käfig zu stark ein. Bringen Sie am besten eine Stange

RICHTIG HALTEN UND PFLEGEN

Hagebutten bereichern den Speiseplan. Nicht nur die Früchte werden beknabbert, auch Blätter schmecken gut.

oben, eine zweite etwas tiefer und eine dritte wieder oben an. Zu tief angebrachte Sitzäste nutzen die Vögel nur ungern. Sie halten sich lieber in höheren Warten auf, da sie von oben alles besser im Auge behalten können (→ Zeichnung, Seite 57).

Hinweis: Als Sitzstangen aus Naturholz eignen sich Zweige von allen ungespritzten Obstbäumen, Birken, Weiden, Pappeln, allen Nußbaumarten und Obststräuchern. Alle Naturholzäste sollte man vor dem Gebrauch abschrubben und trocknen lassen.

DIE KÄFIGAUSSTATTUNG

Nadelhölzer sind zwar ungiftig, harzen jedoch oft stark. Es kann zu Verklebungen im Gefieder des Vogels kommen oder, was noch schlimmer ist, Harz in den Kropf gelangen, wenn die Äste benagt werden. Dies hat in schlimmen Fällen den Tod des Vogels zur Folge. Verwenden Sie niemals Äste von gespritzten Gehölzen oder solchen, die an stark befahrenen Straßen wachsen. Die Schadstoffbelastung ist hier besonders hoch.

Futter- und Trinkgefäße

Im Käfig sollten wenigstens drei Näpfe vorhanden sein: für Wasser, Trockenfutter und Obst bzw. Keimfutter (→ Seite 60 f.). Gut zu reinigen sind Gefäße aus Metall, Hartplastik oder Ton, die in das Gitter eingehängt werden. Wichtig ist, daß die Näpfe von der Größe her für die Vögel passen (→ Foto, Seite 44).

Bringen Sie die Näpfe so hoch über der Sitzstange an, daß die Vögel Futter und Wasser bequem erreichen, beides jedoch nicht mit Kot verschmutzen können.

Futterspender kann ich nicht empfehlen. Sie verstopfen sehr leicht.

Auch Wasserspender halte ich für problematisch. Zu häufig bleibt das Wasser zu lange im Spender. Besser ist es jedoch, die Vögel täglich mit frischem Trinkwasser zu versorgen.

Vogelsand und Schnabelwetzstein

Vogelsand ist der ideale Bodenbelag für den Käfig. Er hilft nicht nur, den Käfig besser sauberzuhalten, sondern dient den Nymphensittichen auch als Verdauungshilfe. Im Vogelsand sind nämlich kleine Gritsteinchen enthalten. Die Vögel benötigen den Grit, um mit seiner Hilfe im Magen die Futterkörner zu zermahlen. Schließlich haben Vögel keine Zähne.

Hinweis: Papier ist als Bodenbelag ungeeignet. Nimmt der Vogel Teile davon auf, kann er Verdauungsstörungen bekommen.

Ein Schnabelwetzstein aus Sepiaschale vervollständigt die Käfigeinrichtung.

Vorsicht bei gefüllten Gläsern. Der Vogel kann vom Rand abrutschen, kopfüber im Glas landen und ertrinken.

47

2 RICHTIG HALTEN UND PFLEGEN

Sitzstangen aus Naturholz ermöglichen den Nymphensittichen eine wohltuende Fußgymnastik.

Spielzeug und weiteres Zubehör

Sorgen Sie dafür, daß Ihre Nymphensittiche auch im Käfig Abwechslung haben und genügend beschäftigt sind. Empfehlenswertes Spielzeug für Nymphensittiche erhalten Sie im Zoofachhandel. Achten sie darauf, daß die Gegenstände aus unzerbrechlichem Material wie z.B. Metall oder Hartholz bestehen. Dies hält den Schnäbeln der Vögel eine Weile stand und schützt auch die Gesundheit der Tiere. Kleine Stücke von frischen Ästen sind fast immer die beliebteste Beschäftigungsmöglichkeit. Nymphensittiche können Stunden damit zubringen, die Stöckchen zu zerlegen. Dennoch kann für einen Einzelvogel kein noch so toll eingerichteter Käfig und das Anbieten von Beschäftigungsmöglichkeiten auf Dauer die Zuwendung und Beschäftigung mit dem Pfleger ersetzen. Außerdem brauchen Nymphensittiche als gute und gewandte Flieger täglichen Freiflug (→ Seite 102). Auf den Seiten 104 bis 109 finden Sie viele weitere Anregungen, wie

DIE KÄFIGAUSSTATTUNG

Solch eine Volierenanlage verschönert nicht nur den Garten. Sie bietet auch den Vögeln ein optimales Zuhause.

Sie Ihre Vögel sinnvoll beschäftigen können.

Hinweis: Spielzeug aus Sisal kann zu Einschnürungen an den Füßen führen. Fressen die Vögel Teile davon, kann es zu einer Kropfentzündung kommen.

<u>Ein Badehäuschen</u> nehmen manche Nymphensittiche gern an. Die meisten Tiere nutzen es allerdings nicht. Sie lieben es vielmehr, täglich geduscht zu werden, z. B. mit einer Blumenspritze, die auf fein Zerstäuben eingestellt ist und die mit warmem Wasser gefüllt wurde. Die Tiere hängen sich dann ans Gitter und genießen es, sich »beregnen« zu lassen.

<u>Einen Nistkasten</u> brauchen Nymphensittiche nur dann, wenn man vorhat, mit seinem Vogelpaar zu züchten (→ Nymphensittiche züchten, Seite 80).

RICHTIG HALTEN UND PFLEGEN

Mit Nymphensittichen wohnen

Die geselligen Nymphensittiche lieben das Zusammensein mit Artgenossen, aber auch mit »ihren« Menschen. Deshalb sollten Sie sich gründlich Gedanken darüber machen, wo in Ihrer Wohnung der ideale Platz für den Käfig ist.

Tips zum Käfigstandort

1 Der Käfig sollte von Anfang an an einem festen Platz stehen. Ständiges Wechseln der Umgebung, besonders in den ersten Tagen im neuen Zuhause, verunsichert die Vögel.

2 Stellen Sie den Käfig in einen Raum, der oft von der Familie oder der Bezugsperson der Nymphensittiche aufgesucht wird. Ansonsten vereinsamen die Tiere schnell und schließen sich auch nicht dem Menschen an. Aus Vereinsamung können auch Folgeerkrankungen wie z.B. das Federrupfen (→ Seite 117) resultieren.

3 Wählen Sie einen Platz nahe am Fenster. Die Eindrücke von außen sorgen

Knabberstangen sind ein Leckerbissen für die Vögel und beschäftigen sie.

KÄFIGSTANDORT

> **TIP**
>
> Der Vogelkäfig sollte nicht direkt neben der voll aufgedrehten Stereoanlage oder dem Fernsehapparat stehen. Viele Nymphensittiche mögen allerdings auch leise Musik oder Geräusche, die aus dem Fernseher kommen. Sie reagieren zeitweise mit Pfeifen darauf.

Der Spiegel gaukelt dem Vogel einen Artgenossen vor.

für Abwechslung bei Ihren Tieren. Außerdem erleben Ihre Nymphensittiche so einen natürlichen Tag- und Nachtrhythmus. Ferner bietet das Fenster auch die Möglichkeit, ein Sonnenbad zu nehmen. Es ist aber wichtig, darauf zu achten, daß sich der Vogel auch in einen schattigen Bereich zurückziehen kann.

4 Käfig oder Voliere sollten mindestens in Augenhöhe des Pflegers stehen. So können die Tiere ihre Umgebung gut überblicken und stetigen Kontakt zu Ihnen und ihrer Umwelt halten. Stellen Sie den Käfig außerdem, wenn möglich, an eine Wand. Dies steigert das Sicherheitsgefühl der Tiere und bietet Schutz vor Zugluft.

Hinweis: Steht der Käfig zu tief, fühlen sich die Vögel unwohl. Da Nymphensittiche Fluchttiere sind, haben sie eine angeborene Scheu vor ihren natürlichen Feinden, den Greifvögeln. Hantieren Sie nun von oben an einem Käfig, der sehr niedrig plaziert ist, haben die Vögel den Eindruck, von oben angegriffen zu werden. Stellen Sie den Käfig aber auch nicht zu hoch auf. Ihre Nymphensittiche würden dann relativ scheu bleiben, da sie nicht am täglichen Leben teilnehmen könnten.

5 Der Platz für den Käfig muß hell sein. Im Raum sollte Zimmertemperatur herrschen. Vermeiden Sie einen Standort unmittelbar in der Nähe eines Heizkörpers. Die aufsteigende Luft trocknet die Körperschleimhäute der Vögel zu schnell aus, und es können Krankheiten entstehen.

6 Unnötiger Lärm sollte vermieden werden, jedoch muß es nicht totenstill im Raum sein. Geräusche gehören zu einer intakten Umwelt (→ TIP, Seite 50).

7 In dem Raum, in welchem der Vogelkäfig steht, sollte nicht geraucht werden. Die Lungen der Vögel sind zu klein und zu anfällig, um die Schadstoffe zu verkraften.

Das Zimmer vogelsicher machen

Bevor Sie Ihren Nymphensittichen den ersten Freiflug im Zimmer gewähren, müssen Sie den Raum vogelsicher ma-

RICHTIG HALTEN UND PFLEGEN

chen. Viele Tiere haben sich beispielsweise schon in Gardinen verfangen und stranguliert. Bei von der Scheibe zurückgezogenen Gardinen besteht die Gefahr, daß der Vogel gegen die Scheibe prallt und sich das Genick bricht. Auch Schränke, die nicht dicht genug an der Wand stehen, haben schon so manchen Vogel das Leben gekostet. Ist der Nymphensittich erst einmal in den Spalt zwischen Schrank und Wand gerutscht, gelingt es meist nicht, ihn ohne Verletzungen wieder hervorzuholen. Auch Ertrinken in Blumenvasen, dem WC oder ähnlichem sind schon vorgekommen. Da die Neugierde von Nymphensittichen keine Grenzen kennt, schrecken die Tiere auch nicht davor zurück, Stromkabel anzunagen. Bei stromführenden Kabeln kann dies tödlich enden. Weitere Gefahren und ihre Beseitigung habe ich Ihnen in der Tabelle auf Seite 54 zusammengestellt.

Hinweis: Lassen Sie Ihre Nymphensittiche niemals länger als 5 bis 10 Minuten ohne Aufsicht frei im Zimmer fliegen. Selbst wenn Sie Ihrer Meinung nach alle Gefahrenquellen für die Vögel ausgeschaltet haben, an das ein oder andere hat man vielleicht doch nicht gedacht.

Größte Gefahr: Wegfliegen

Nymphensittiche sind rasante Flieger. Ein offenes oder gekipptes Fenster während des Freiflugs wird sofort genutzt, um der Enge des Raumes zu entkommen. Der Nymphensittich eines Bekannten nutzte die Gunst der Stunde. Als mein Bekannter das Vogel-

Die Schulter »seines« Menschen ist der Lieblingsplatz dieses Nymphensittichs.

DER ENTFLOGENE NYMPHENSITTICH

Darf der Nymphensittich in deinem Zimmer schlafen?

Besser ist es, wenn der Vogelkäfig nicht in deinem Zimmer steht. Vögel werden morgens sehr früh munter. Sie wecken dich auch sonntags durch ihr Gezwitscher, obwohl du dann richtig schön ausschlafen könntest. Außerdem bist du sicher tagsüber nicht oft in deinem Zimmer. Die Vögel wären dann ganz alleine. Doch gerade Nymphensittiche brauchen den Kontakt zu »ihren« Menschen. Nur dann fühlen sie sich wohl und werden zutraulich. Am besten gefällt es deinen Nymphensittichen in einem Raum, in welchem sie nachts ruhig schlafen können, wo jedoch tagsüber richtig was los ist. Nymphensittiche sind nämlich von Natur aus sehr neugierig. Ihnen gefällt alles, was neu und interessant für sie ist.

zimmer in der ersten Etage seines Hauses verlassen wollte, flog der Vogel pfeilschnell hinter ihm her, folgte dem Luftstrom, der ihm von der geöffneten Haustüre im Parterre entgegenkam, und fand so den Weg ins Freie. Draußen steigen die Vögel recht schnell in größere Höhen auf, um sich etwa an Bäumen in der Umgebung zu orientieren. Befinden sich jedoch keine Bäume in der Nähe, fliegt der Vogel auf der Suche nach Bekanntem immer weiter und legt dabei große Strecken zurück. Solch einen Vogel wiederzufinden ist in der Regel unwahrscheinlich.

Im Sommer hat ein entflogener Nymphensittich bei uns eine recht gute Überlebenschance, vorausgesetzt, er wird nicht das Opfer eines Greifvogels oder einer Katze, wird nicht von einem Auto überfahren oder fliegt in einen Strommast.
Als Nahrung findet der Vogel im Gras Samen und an den Bäumen und Sträuchern Obst und Beeren.

Im Winter kann ein entflogener Nymphensittich in unseren Breiten nur eine Zeitlang überleben, wenn er sich den Wildvögeln anschließt und die Futterhäuschen der Menschen aufsucht.

Glück haben die Tiere, wenn sie besonders zahm sind oder großen Hunger haben und deshalb die Nähe von Menschen aufsuchen. Gut ist es dann, solch einen Nymphensittich einzufangen (→ TIP, Seite 55). Anhand seines Fußrings läßt sich dann der Eigentümer ermitteln (→ Seite 26).

RICHTIG HALTEN UND PFLEGEN

Gefahrenquellen erkennen und ausschalten

Gefahrenquelle	Gefahr für den Nymphensittich	Vermeiden der Gefahr
Offene Türen.	Der Nymphensittich nutzt sie als Beobachtungswarte, Füße werden eingeklemmt.	Immer ein Auge auf den Vogel haben, Türen nicht zuschlagen.
Fußboden, herumliegende Kleidung.	Nymphensittich verkriecht sich in der Kleidung, versehentliches Drauftreten.	Gewöhnen Sie sich an, vorsichtig zu gehen. Lassen Sie nichts herumliegen.
Gefäße, die mit Wasser gefüllt sind.	Rutschen oder Fallen in das gefüllte Gefäß: Ertrinken.	Wassergefüllte Gefäße abdecken.
Offene Schränke, Schubladen.	Vogel wird versehentlich eingesperrt.	Möbel immer geschlossen halten und öfters nachkontrollieren.
Gifte wie Alkohol, Bleistifte, Filzschreiber, Kugelschreiberminen, Gewürze, Salz, Leim, Klebstoffe, Lacke, Lösungsmittel, Pflanzendünger, Plastik, Putzmittel, Quecksilber.	Vergiftung.	All diese Stoffe unerreichbar für den Nymphensittich plazieren. Alkohol auch nicht zum Spaß anbieten.
Herdplatte, Bügeleisen, offene Feuer, Kerzen.	Verbrennungen beim Anfliegen.	Vogel im Käfig lassen.
Pralle Sonne, überhitztes Auto.	Hitzschlag, Kreislaufkollaps.	Schattenplatz, lüften.
Elektrische Geräte.	Verbrennungen, Stromschlag durch Benagen der Kabel.	Unerreichbar plazieren, Kabel sicher abdecken.
Fliegenfänger	Verkleben des Gefieders und des Schnabels.	Keine Fliegenfänger in der Nähe des Vogels benutzen.
Spitze Gegenstände, Kakteen.	Verletzungen, Blutverlust.	Keine Kakteen im Vogelzimmer. Keine spitzen Gegenstände liegenlassen.

ZIMMERPFLANZEN

TIP

Das Einfangen eines entflogenen Nymphensittichs ist möglich, wenn er sich z. B. im Garten auf einem Baum niedergelassen hat. Durchnässen Sie mit einem starken Wasserstrahl sein Gefieder so, daß er nicht mehr fliegen kann. Dies muß allerdings recht schnell geschehen. Ferner kann man auch den geöffneten Käfig hinstellen und hoffen, daß der Vogel hineinfindet. Noch besser ist es, wenn in einem anderen Käfig ein Artgenosse ruft.

Die geöffnete Tür ist ein beliebter Landeplatz. Vorsicht beim Schließen der Tür. Die Füße des Vogels könnten eingeklemmt werden.

Hinweis: Um ein Wegfliegen zu verhindern, sollten Sie das Fenster im Vogelzimmer mit Fliegendraht sichern. Jetzt kann das Fenster auch einmal zum Lüften gekippt werden, wenn Ihre Nymphensittiche Freiflug haben.
Es sollte Ihnen auch zur Gewohnheit werden, immer die Türen zu schließen.

Achtung Zimmerpflanzen!

Da Nymphensittiche, wie alle Krummschnäbel, gerne Pflanzen anknabbern, es ihnen jedoch nicht angeboren ist, giftige von ungiftigen zu unterscheiden, muß der Mensch Vorsorge treffen.
<u>Als giftig gelten</u> Becherprimel, Brechnuß, Dieffenbachia, Christusdorn, Catharanthus, Eibe, Hyazinthe, Immergrün, Nachtschatten, Weihnachtsstern, Madagaskarpalme, Narzisse, Oleander, Spitzblume, Wunderstrauch, Wüstenrose, Zierspargel, um nur einige zu nennen.
<u>Als schädlich gelten</u> Efeu, Fensterblatt, Flamingoblume, Goldtrompete, Harzhölzer, Kolbenfaden, Philodendron und Schefflera.
<u>An stacheligen Kakteen</u> können sich die Vögel schwer verletzen (→ Seite 54). Besonders bei unerfahrenen und tolpatschigen Jungvögeln sind Unfälle nicht selten.
<u>Unbedenklich sind</u> Obsthölzer, Nußbäume, Birken, Weiden, Katzengras und Löwenzahn sowie Vogelmiere.
Hinweis: Am besten verzichten Sie völlig auf Zimmerpflanzen im Vogelzimmer. Erkundigen Sie sich beim Kauf einer Pflanze grundsätzlich, ob sie giftige Substanzen enthält.

2 RICHTIG HALTEN UND PFLEGEN

Der Vogelbaum

Während des Freiflugs im Zimmer kann es passieren, daß die Vögel, um sich die Zeit zu vertreiben, Möbel und Tapeten anknabbern. Dann hilft nur, den Nymphensittichen etwas Attrakiveres zum Beschäftigen anzubieten wie etwa einen Vogelbaum oder einen Hängefreisitz.

Kletterbäume und Hängefreisitze gibt es im Zoofachhandel zu kaufen. Wer etwas handwerkliches Geschick besitzt, kann beides auch selbst basteln.

Das brauchen Sie für den Vogelbaum:

■ Als »Unterbau« verwenden Sie z. B. Blumenkübel aus Holz, Kupfer, Ton oder Kunststoff. Wenn Sie Rollen unter den Kübel montieren, kann der Baum leicht hin- und hergeschoben werden.

■ Für den Baum selbst brauchen Sie einen Stamm oder dicken Ast mit einigen Verzweigungen. Die natürlich gewachsenen Zweige sind unterschiedlich dick und ermöglichen den Vögeln eine wohltuende Fußgymnastik. Außerdem können am Holz Krallen und Schnabel gewetzt werden. Gut zu verwenden sind alle Obstbaumarten (ungespritzt),

Solch einen Vogelbaum können Sie leicht selbst bauen. Dekorieren Sie den Baum mit Spielzeug, frischen Zweigen und Leckerbissen.

VOGELBAUM

Der Vogelbaum muß absolut standfest sein.

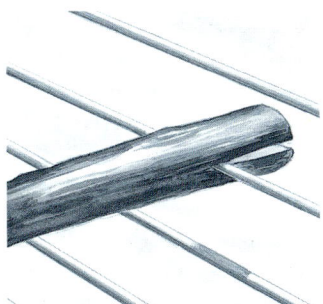

Sitzestangen aus Naturholz werden so am Gitter befestigt.

Leere Körnerhülsen sollten Sie täglich aus dem Napf blasen.

Eiche, Holunder, Birke, Nußholz, Linde, Weide, Pappel oder Kastanie (→ Seite 44). Nach dem Schneiden die Äste gründlich mit Wasser und Kernseife abschrubben und trocknen lassen.
■ Am wichtigsten für einen Freisitz ist die Standfestigkeit des Baumes. Um dies zu erreichen, benötigen Sie schwere Steine, einen Christbaumständer sowie Sand bzw. Garten- oder Blumenerde und Vogelsand.
■ Zum Befestigen der Dekoration und weiterer Queräste verwenden Sie am besten naturfarbenen Bast und Blumendraht.
So wird's gemacht:
■ Stellen Sie zunächst den Stamm oder den dicken Ast in den Christbaumständer, und schrauben Sie ihn fest. Dann den Christbaumständer in den Blumenkübel stellen und mit dicken Steinen beschweren.
■ Füllen Sie nun den Kübel bis etwa 5 cm unter den Rand mit Blumen- oder Gartenerde bzw. Sand auf. Die oberste Schicht bis zum Kübelrand bildet Vogelsand.
■ Kürzen Sie jetzt die Queräste so weit ein, daß sie nicht über den Kübelrand hinausragen. So fallen die Ausscheidungen der Nymphensittiche auf den Vogelsand im Blumenkübel.
■ Dekorieren Sie nun den Vogelbaum sinnvoll für die Vögel. Sie können zusätzliche Queräste mit Blumendraht befestigen und mit Bast umwickeln, damit sich die Vögel nicht am Draht verletzen. So schaffen Sie den Vögeln noch bessere Klettermöglichkeiten. Spielzeuge wie Schaukeln, Leitern, Holzringe, Kletterseile und Glöckchen sorgen ebenfalls für Abwechslung. Kräutersträußchen beispielsweise aus Petersilie oder Basilikum kann man mit einer Holzwäscheklammer am Vogelbaum befestigen. Apfel- und Birnenstücke, auf einen Nagel gespießt, laden zum Naschen ein. Frische Zweige mit Laub benagen Nymphensittiche mit Vorliebe.
Reinigung des Vogelbaums:
Die oberste Sandschicht im Kübel muß von Zeit zu Zeit erneuert werden. Verschmutzte Zweige werden mit Kernseife und Wasser gereinigt.
Hinweis: Stellen Sie den Vogelbaum oder hängen Sie den Hängefreisitz so weit vom Käfig entfernt auf, daß Ihre Nymphensittiche zum Fliegen animiert werden.

RICHTIG HALTEN UND PFLEGEN

Abwechslungsreiche Ernährung

Da Nymphensittiche in der Natur auf der Suche nach Nahrung durch das Land ziehen, finden sie nicht immer Futter, welches den gleichen Reifegrad hat. So werden in Australien die Jungvögel von ihren Eltern in der Regel mit halbreifen Sämereien, meistens von Grasarten großgezogen. In der übrigen Zeit ernähren sich die Vögel eher von ausgereiften Samen von Gräsern sowie Rinde, Obst, manchmal von kleinen Insekten, aber auch Kulturpflanzen wie Weizen, Hafer und Gerste.

Fertigfuttermischungen

Die Ernährungsgewohnheiten der Nymphensittiche in der Natur sind hinreichend bekannt. Auf Grund dessen ist die Futtermittelindustrie in der Lage, fertige Samenmischungen für Nymphensittiche zusammenzustellen.
Unter dem Begriff »Großsittichfutter« oder »Nymphensittichfutter« wird das Fertigfutter im Zoofachhandel angeboten.
Als Grundnahrungsmittel eignet sich Fertigfutter hervorragend. Achten Sie jedoch genau auf die Zusammensetzung des Futters, die auf der Packung angegeben sein muß.

Wichtig ist, daß die Mischung nicht zu fett ist. Dies kann zu einer Verfettung des gesamten Vogelorganismus führen und schwerwiegende Erkrankungen hervorrufen.
Das Mischfutter sollte unbedingt verschiedene kleine Körner, dies sind Hirsesorten wie Silber-, Plata-, Japan-, Gold-, Manna- und Senegalhirse, enthalten. Ferner ist ein Anteil an Glanzsaat (Kanariensaat) sehr wichtig.
Dazu kommen geschälter Hafer, Weizen, Hanf, Kardisaat und Sonnenblumenkerne. Der Anteil der letztgenannten Bestandteile im Futter darf nicht zu hoch sein, da sie recht fetthaltig sind.

Hinweis: Seit neuestem werden Futterpellets für Sittiche im Handel angeboten. Sie sind in ihrer Zusammensetzung vollkommen auf den Vogelorganismus abgestimmt. Da sie jedoch beim Fressen dem Vogel kaum Arbeit abverlangen, stumpft er schnell ab, die Pellets werden dann oft verweigert. Außerdem hat der Vogel noch mehr Zeit, sich zu langweilen.
Nur im Krankheitsfall rate ich, diese Pellets zu verwenden, da dem Vogel dadurch schnell Energie zugeführt wird.

Jungtiere am Futternapf. Zusammen schmeckt es eben doch am besten.

KÖRNERFUTTER

Die Futterqualität

Ein entscheidender Aspekt für die gesunde Vogelernährung ist der Frischegrad des Körnerfutters. Je älter nämlich ein Korn ist, um so weniger Inhaltsstoffe hat es. Die meisten Körnersorten werden im Ausland angebaut und auch dort zusammengemischt. Es vergeht einige Zeit, bis das Futter in unseren Läden landet. Außerdem kommt es auch auf die Einkaufspolitik des Futtermittelherstellers an.

Manche Firmen kaufen z.B. riesige Mengen Körner ein, um günstigere Preise zu erzielen. Die Folge ist, daß manche Körnersorten lange Zeit auf Halde liegen, bevor sie in die Futterpackungen gelangen.

RICHTIG HALTEN UND PFLEGEN

Ein gutes Zeichen für nicht überlagerte Körner ist deren Keimfähigkeit. Machen Sie deshalb ruhig einmal eine Keimprobe. (→ Tabelle, Seite 61).
Hinweis: Die Genießbarkeit der Körner für den Vogel beträgt etwa zwei Jahre.

Verdorbenes Futter

Fetthaltige Saaten wie Hanf und Sonnenblumenkerne können leicht ranzig werden und sind damit gesundheitsschädlich für Nymphensittiche. Meiden Sie auch Futter, welches in Plastikbeuteln verpackt ist. Durch Schwitzwasser kann es schnell faulen und mit Pilzen behaftet sein.
Hier einige Erkennungsmerkmale von verdorbenem Futter:
<u>Schimmelpilze:</u> Bilden weißliche, graue Beläge und haben einen stechenden Geruch.
<u>Fäulnis:</u> Penetranter, eindringlicher Geruch gegenüber den fast völlig geruchlosen normalen Körnern. Schmierige Beläge auf den Körnern.
<u>Ungeziefer (Futtermilben):</u> Diese Tierchen sind für die Vögel eigentlich harmlos. Allzu stark befallenes Futter sollte jedoch nicht erworben werden. Ein von Futtermilben befallenes Futter erkennt man an spinnfädenartig verklumpten Futterteilen.

Die Nahrungsmenge

Pauschal läßt sich die Frage nach der genauen Nahrungsmenge nicht beantworten. Alle Vögel, und ganz besonders die kleineren Arten, haben einen sehr schnellen

TIP

Körnerfutter für Ihre Nymphensittiche sollten Sie immer luftig und trocken lagern. Gut zum Aufbewahren geeignet ist z.B. ein Leinensäckchen. Ungeeignet dagegen sind Schraubgläser, verschlossene Plastikdosen oder gar Plastikbeutel. Sind Sie sich nicht ganz sicher, ob das Futter noch in Ordnung ist, sollten Sie es lieber nicht verfüttern, um die Vögel nicht zu gefährden.

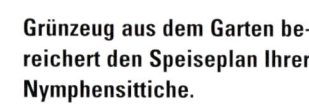

Grünzeug aus dem Garten bereichert den Speiseplan Ihrer Nymphensittiche.

QUELL- UND KEIMFUTTER

Eine Vitaminkur für Nymphensittiche

Gequollene und gekeimte Körner sind sehr gesund für den Nymphensittich. Außerdem können Sie an der Keimfähigkeit von Samenkörnern feststellen, ob die gekaufte Samenfuttermischung genügend Wertstoffe enthält (→ Seite 60).

Rezept für Quell- und Keimfutter:

1 Für eine Tagesration pro Vogel geben Sie 1 bis 2 Eßlöffel Körner in eine Schüssel und füllen sie mit Wasser auf. Man kann dafür handelsübliches Futter verwenden, muß jedoch die Nüsse entfernen. Um das Futter gehaltvoller zu machen, sollten Sie Mais, Bohnen, Erbsen und Hafer untermischen.

2 Lassen Sie die Körner 24 Stunden weichen und aufquellen. Dann die Körner in ein Sieb geben und gut unter fließendem Wasser durchspülen.

3 Nun die Körner gut abtropfen lassen und sie als Quellfutter mit geschnittenem Obst, Eifutter (aus dem Handel) und evtl. Weichfutter vermischt den Nymphensittichen anbieten.

4 Um Keimfutter zu erhalten, die Körner (ohne Eifutter usw.) erneut einweichen, nach 12 Stunden wieder abspülen und abtropfen lassen. Dann die Körner im Sieb belassen und das Sieb in eine Schüssel hängen. Als Abdeckung einen Teller verwenden, um ein Austrocknen der Körner zu verhindern.

5 Bei Zimmertemperatur die Körner weitere 24 bis 48 Stunden stehenlassen. Tageslicht ist ebenfalls nötig. Sind die Keime durch die Kornhülle gebrochen, Futter abspülen, mit Obst usw. vermischen und verfüttern.

Hinweis: Will man dieses Futter seinen Vögeln täglich anbieten, ist es ratsam, mehrere Siebe und Schüsseln zu verwenden. Die Keimgarnitur stets reinigen, um Bakterienbildung zu verhindern. Brütende Vögel sollten während der Brut und der Aufzucht ihrer Jungen täglich Quell- und Keimfutter bekommen, ebenso gerade selbständig gewordene Jungvögel.

Körperstoffwechsel. Sie speichern nur wenige Reserven. Deshalb ist es wichtig, daß der Vogel häufiger kleine Mengen an Nahrung zu sich nimmt (→ Seite 72/73).
<u>1 bis 2 Eßlöffel Körnerfutter</u> pro Vogel und Tag kann als grober Richtwert gelten. Beim Auffüllen des Futternapfs sollten Sie die alten Hülsen, die vom Entspelzen der Körner noch oben auf dem »guten« Futter liegen, durch leichtes Pusten entfernen (→ Zeichnung, Seite 57). Frische Körner können dann untergemischt werden.
Die trockenen Körner der Grundnahrung enthalten weder Feuchtigkeit noch viele Vitamine. Dies muß dem Nymphensittich auf andere Weise zugeführt werden (→ ab Seite 64).
Hinweis: Bemessen Sie die tägliche Futtermenge reichlich. Sollten Sie einmal nicht rechtzeitig füttern können, müssen Ihre Vögel nicht hungern.

Obst, Gemüse, Kräuter

In freier Natur verschmähen Nymphensittiche kein Obst und Gemüse, sofern sie welches ergattern können. Dies sollte auch in der Obhut des

2 RICHTIG HALTEN UND PFLEGEN

Ob ein Nymphensittich gesund und abwechslungsreich ernährt wurde, sieht man schon an seinem glänzenden Federkleid.

Menschen so sein, zumal Obst und Gemüse viele wichtigen Vitamine und Spurenelemente enthalten. Ich biete meinen Vögeln alles an, was je nach Jahreszeit zur Verfügung steht. An Obst und Gemüse können Sie z.B. geben: Radieschen, Möhre, Apfel, Gurke, Kiwi, Erdbeere, Kirsche, Pflaume, Paprika, Rote Beete, Aubergine, Sellerie, Erbsen, Mandarine, Traube, Pfirsich, Ananas, Himbeere, Brombeere, Melone, Feige oder Mango.

Sparsam verfüttern sollten Sie jedoch Zitrusfrüchte. Ebenso ist bei Blattsalat Vorsicht geboten. Durch seinen hohen Wassergehalt speichert er auch viele Schadstoffe, beispielsweise Pestizide. Dies kann der Gesundheit Ihrer Nymphensittiche schaden. Salat aus dem eigenen Garten kann in kleineren Mengen unbedenklich verfüttert werden.
Hinweis: Nicht auf den Speiseplan gehören Kohl und rohe Kartoffeln.

SAFTFUTTER

Kräuter aus dem Garten und Wildkräuter reichern den Speiseplan Ihrer Vögel an. Hierzu gehören Basilikum, Petersilie, Kerbel, Rispengras, Blut-Fingerhirse, Zaunwicke, Gänseblümchen, Löwenzahn, Sauerampfer, Hirtentäschelkraut und Wasserkresse.

Hinweis: Wichtig ist, daß Sie sich sicher sind, das richtige Kraut gepflückt zu haben. Informieren Sie sich in einem Pflanzenführer.
Die Plätze, wo Sie die Wildkräuter sammeln, dürfen nicht mit Pestiziden gespritzt worden sein und sollten auch nicht unmittelbar an einer viel befahrenen Straße liegen. Auch die Schadstoffe aus den Abgasen der Autos sind für die Gesundheit Ihrer Vögel äußerst schädlich.

Obst, Gemüse und Kräuter richtig anbieten

■ Kräuter, Gemüse und Obst immer sorgfältig waschen und trockentupfen.

■ Sind Sie sich nicht sicher, daß Obst und Gemüse ungespritzt sind, muß die Schale entfernt werden. Füttern Sie nicht zuviel von einer Sorte, um eine Anreicherung von Schadstoffen zu vermeiden. Grundsätzlich gilt, möglichst viel Abwechslung in die Ernährung zu bringen.

■ Obst, Gemüse und Kräuter müssen beim Verfüttern Raumtemperatur haben. Zu kaltes Futter kann z. B. Durchfall verusachen.

■ Die einzelnen Obst- und Gemüsestücke nicht zu groß anbieten. Der Vogel muß sie noch bewegen und aufnehmen können. Jedoch verlieren zu kleine Stücke rasch ihre Festigkeit, werden dann matschig und somit unattraktiv für die Sittiche.

■ Obst und Gemüse können in einem separaten Schälchen oder auch vermischt mit dem Quell- bzw. Keimfutter angeboten werden (→ Seite 61). Zusätzlich sollte aber das Körnerfutter immer in einem separaten Napf sein, für den

Frisches Obst wie dieser Apfel enthält viele Vitamine.

RICHTIG HALTEN UND PFLEGEN

Fall, daß das Keimfutter säuert.

■ Mögen Ihre Nymphensittiche die ein oder andere Obst- und Gemüsesorte nicht, sollten Sie sie trotzdem immer wieder einmal zwischendurch anbieten. Oft probieren die Vögel dann doch davon.

■ Kräuter können Sie bündeln und z.B. mit einer Holzwäscheklammer am Käfiggitter befestigen oder zusammen mit Obst in das Keimfutter schneiden. Manche Nymphensittiche nutzen auch am Käfigboden liegende Kräuter oder Blätter für ein »Taubad« (→ Seite 68)

Weitere Bereicherungen des Speiseplanes

<u>Kolbenhirse</u> ist für Nymphensittiche ein wohlschmeckender Leckerbissen, der leicht verdaulich ist. Besonders für Paare, in der Brut oder beim Aufziehen der Jungen, für Jungtiere und kranke Vögel stellt die Kolbenhirse ein wichtiges Zusatzfutter dar. Aber auch hier gilt: nicht zuviel davon geben. Ein gesunder Vogel braucht höchstens ein ca. 5 cm langes Stück täglich.

<u>Herzen und Ringe</u> bestehen aus Körnern, die mit Honig angeklebt sind. Sie bieten zwar dem Nymphensittich kurzfristig Beschäftigung, sind aber auch die reinsten Kalorienbomben. Frische Zweige zum Benagen erfüllen diesen Zweck ebenso.

Das richtige Getränk

Leitungswasser ist das beste Getränk für Ihre Nymphensittiche. Auch der sogenannte Vogeltrank (im Zoofachgeschäft erhältlich) ist empfehlenswert.

Stilles, natriumarmes Mineralwasser sollten Sie einem Vogel nur geben, wenn er Nierenprobleme hat. Dann ist vor allem stark kalkhaltiges Leitungswasser unbekömmlich für ihn. Ein Nymphensittich kann auch Kamillentee oder Früchtetee ohne Zucker trinken. Diese Getränke empfehlen sich ebenfalls vor allem dann, wenn der Vogel krank ist.

Vitamine

Da Sie nicht wissen, wieviel Vitamine Ihre Vögel über Obst und Gemüse aufnehmen, sollten Sie Ihnen ein- bis zwei-

Eine ganze Knabberstange ist für einen Vogel zuviel des Guten.

VITAMINE UND MINERALSTOFFE

Wie kannst du deinen Nymphensittichen eine Freude machen?

Wenn du möchtest, daß deine Nymphensittiche gesund bleiben, mußt du sie abwechslungsreich ernähren. Fertigfutter alleine genügt nicht. Sie brauchen auch Grünfutter, Obst und Gemüse. Bei einem Spaziergang kannst du für deine Vögel frisches Futter sammeln. Auf einer ungespritzten Wiese findest du bestimmt Löwenzahnblätter und Grasrispen, die noch Samenkörner enthalten. Über diese Leckerbissen freuen sich deine Nymphensittiche. Bevor du deinen Vögeln das frische Grünfutter gibst, solltest du es gründlich mit Leitungswasser abspülen und es anschließend zum Beispiel auf Küchenpapier abtrocknen lassen.

mal in der Woche Vitamine über das Trinkwasser verabreichen. Lassen Sie sich am besten ein Multivitaminpräparat vom Tierarzt geben. Halten Sie sich unbedingt an die Dosierungsangaben, denn eine Überdosierung kann schädlich sein.

Mineralstoffe und Spurenelemente

Diese Stoffe braucht der Nymphensittich zum Aufbau der Knochen, Federn sowie zum Wachstum, das Weibchen, um Eier bilden zu können.

In der Natur nehmen die Vögel mineralhaltige Erde auf. Im Käfig geben Sie als Ersatz Vogelgrit. Auch Kalksteine, Taubensteine (aus dem Zoofachhandel) und zerstoßene Hühnereierschalen können diese Funktion erfüllen. Im Handel gibt es Mineralstoffe auch als Pulver, das unter das Futter gemischt wird.

Das ist für Nymphensittiche schädlich

Vieles, was Ihrem Liebling schmeckt, ist seiner Gesundheit nicht gerade zuträglich. Beachten Sie folgendes.

Schädlich sind: Essensreste, Salzstangen und Chips. Sie enthalten zuviel Salz und Gewürze. Schokolade, Bonbons und Kekse enthalten zuviel Fette, Zucker und Farbstoffe. Auch Alkohol und Kaffee schaden dem Vogel.

Davon darf der Vogel naschen: Fruchtsäfte (ungesüßt), getrocknetes Brot, Vollkornkekse, Zwieback, gekochte abgekühlte Kartoffeln, gekochte Nudeln, mageres Fleisch, Joghurt, Magerquark, milden Käse in kleinen Mengen, Müsli (besonders ein Vollkornprodukt).

2 RICHTIG HALTEN UND PFLEGEN

Sorgfältige Pflege ist wichtig

Sauberkeit im Käfig ist ebenso wichtig wie Hygiene beim Umgang mit Ihren Nymphensittichen. Dies beugt Krankheiten bei Ihren Vögeln vor und schützt auch Sie vor Erkrankungen. Übermäßige Reinheit oder ständiges Desinfizieren des Käfigs und der Ausstattung schaden jedoch mehr, als sie nutzen. Dadurch wird das Immunsystem der Nymphensittiche geschwächt, weil es nicht »trainiert« werden kann.

Wie »wäscht« sich ein Nymphensittich?

Nymphensittiche sind, wie die meisten Vögel, sehr reinliche Tiere.
Mehrmals täglich verbringt ein Nymphensittich längere Zeit damit, sich zu putzen. Hierbei werden die einzelnen Federn geordnet, geputzt und sortiert. Jedes Federchen zieht der Nymphensittich durch seinen Schnabel und reinigt es so von Staub und anderem Schmutz. Dabei glättet er auch die Federn. Dann werden sie mit Fett versehen, das

Neues Futter, wie dieser Apfel, wird zunächst einmal gründlich untersucht.

GEFIEDERPFLEGE

TIP

Beobachten Sie die Gelenkigkeit Ihrer Vögel bei der Gefiederpflege. Sie können ihre Köpfchen um 180 Grad drehen und erreichen so auch mühelos z. B. die untere Bauchpartie.

Gemeinsame Gefiederpflege. Beim rechten Vogel erkennt man deutlich, wie die einzelne Feder durch den Schnabel gezogen wird.

in einer speziellen Hautdrüse, die in der Fachsprache Bürzeldrüse heißt, produziert wird. Das Fett sorgt dafür, daß das Gefieder wasserdicht wird. So kann ein Nympehnsittich auch bei Regen fliegen, wird nicht bis auf die Haut durchnäßt und friert auch nicht.

Die Bürzeldrüse sitzt am Ende des Rückens, kurz vor dem Schwanzansatz. Das Einfetten des Gefieders geschieht mit Hilfe des Schnabels. Lediglich die Kopffedern reibt der Nymphensittich direkt an der Bürzeldrüse.

Seinen Schnabel säubert ein Nymphensittich, indem er ihn an einem Ast oder einer Sepiaschale reibt. Schmutz fällt dadurch ab, und scharfe Kanten werden begradigt.

Viele Nymphensittiche baden gern

Auch das Baden kann beim Nymphensittich zur täglichen Körperhygiene gehören. Am liebsten lassen sie sich »beregnen«. Dabei breiten sie ihre Flügel aus, damit das begehrte Naß an alle Stellen des Körpers gelangt und kein Tropfen verlorengeht.

Im Käfig oder der Voliere hängen sich die Tiere oft mit dem Kopf nach unten am Dach der Behausung auf und versuchen jeden Wassertropfen zu erhaschen.

Dem Badebedürfnis Ihrer Vögel sollten Sie so oft es geht nachkommen. Dies gilt auch für die Wintermonate, da unsere Heizungsluft sehr trocken ist und den Nymphensittichen zu schaffen macht. Das Baden steigert das Wohlbefinden des

RICHTIG HALTEN UND PFLEGEN

Tieres, ist Beschäftigung für es und zieht das Putzen und Gefiederordnen nach sich. Duschen sollten die Tiere allerdings nur am Vormittag oder zumindest am Tage, damit sie genügend Zeit haben, ihr Gefieder zu trocknen. Niemals den Vogel abends naß machen und dann das Licht im Raum löschen. Das Tier würde frieren und sich erkälten.

Haben Sie nicht die Möglichkeit, Ihren Pfleglingen natürlichen Regen zu bieten (natürlich nur im Sommer), so können Sie den Regen auch mit einer handelsüblichen Blumenspritze, in der aber keine Chemikalien oder deren Reste sein dürfen, imitieren.

Füllen Sie unbesorgt heißes Wasser in die Blumenspritze, und stellen Sie die Düse auf ganz feines Zerstäuben. Sie werden sehen, das Wasser kommt wohltemperiert aus der Düse. Sie brauchen keine Angst zu haben, den Vogel zu verbrühen.

Akzeptieren Ihre Vögel auch eine Badewanne – dies kann eine nicht zu tiefe, relativ breite Tonschale oder aber auch ein handelsübliches Badehaus für Großsittiche aus dem Zoofachhandel sein –, können die Vögel ihre Badezeiten selbst bestimmen.

Hinweis: Einigen Autoren empfehlen, den Nymphensittichen eine flache Schale mit feuchten Blättern anzubieten. »Baden« die Vögel darin, kommt dies einem Taubad gleich. In ihrer Heimat schlüpfen nämlich Nymphensittiche auf der Suche nach Nahrung am frühen Morgen durch taunasse Gräser und Zweige und befeuchten so ihr Gefieder.

Das Laub für das Taubad in Menschenobhut muß jedoch von ungespritzten Bäumen stammen und darf nicht zu lange im Käfig belassen werden, da es sonst schimmeln oder faulen kann.

Um an die leckere Kolbenhirse zu kommen, wird sich auch einmal weit nach vorn gebeugt.

PFLEGEPLAN

Pflegeplan – Was wann zu machen ist

Täglich	Ein- bis zweimal wöchentlich	Monatlich	Alle 3 bis 6 Monate
• Alle Näpfchen und Wasserspender ausleeren, mit heißem Wasser auswaschen, abtrocknen und neu füllen. Bei Futterautomaten kontrollieren, ob noch genug Futter darin ist. Leere Spelzen aus dem Futternapf entfernen (→ Zeichnung, Seite 57). Verwelkte Grünfutterbündel/Zweige entfernen. Kolbenhirse im Käfig lassen, bis sie völlig aufgefressen ist. • Sitzstangen, Äste und Gitterstäbe mit einer harten Bürste von Kot befreien und feucht abwischen. • Mit einem alten Löffel Kot und Futterreste aus dem Sand entfernen, evtl. etwas frischen Sand nachstreuen. • Badewanne säubern und mit frischem Wasser füllen. • Vögel beobachten – sind sie munter? • Kontrolle: Gibt es nirgendwo Futterreste? • Bei Zuchtpaaren: Ist ausreichend Nistmaterial vorhanden? Sind schon Eier da? • Umgebung des Käfigs säubern.	• Alle Einrichtungsgegenstände (Näpfe, Futter- und Wasserautomaten, Sitzstangen, Äste, Badewanne) und Käfig gründlich mit heißem Wasser und Neutralseife säubern. • Kontrolle: Sind noch genug Grit, ein Schnabelwetzstein und/oder eine Sepiaschale vorhanden? • Befestigen Sie einen Hirsekolben im Käfig. • Bodenschale ausleeren und heiß auswaschen. Neuen Sand hineinstreuen. In Volieren verschmutze Erde/Sand/Einstreu austauschen, Naturboden durchharken, Steine abwaschen, Sträucher mit Wasserstrahl absprühen.	• Sitzstangen aus Naturholz austauschen. • Käfig nach Möglichkeit in Badewanne heiß abbrausen und gründlich bürsten. • Käfig oder Voliere auf schadhafte Stellen hin inspizieren. • In Käfig oder Voliere auf Milben hin kontrollieren. • Falls nötig, den Vögeln die Krallen schneiden (→ Seite 75). Vögel auf Parasiten hin untersuchen (→ Seite 74). • Vogelbaum gründlich abbürsten und feucht abwaschen, obere Sandschicht austauschen.	• Bei Haltung in einer Freivoliere den Kot der Vögel auf Parasiten hin untersuchen lassen (→ Seite 74). • In Außenvolieren den Boden spatentief umgraben, den oberen Teil der Erdschicht erneuern oder Erdschicht völlig austauschen. **Hinweis:** Alle Angaben sind abhängig von der Käfiggröße und der Anzahl der Vögel.

RICHTIG HALTEN UND PFLEGEN

Vogelpflege leicht gemacht

Sowohl Mensch als auch Tier fühlen sich in einer sauberen Umgebung wohler als in einer schmutzigen. In der Obhut des Menschen sind Nymphensittiche darauf angewiesen, daß ihre Betreuer sich um die Reinigung von Käfig und Zubehör kümmern.

Nymphensittiche verursachen relativ wenig Schmutz im Käfig. Eine wöchentliche Grundreinigung des Käfigs und der Bodenschale mit heißem Wasser und Neutralseife ist ausreichend. Der Vogelsand auf dem Käfigboden sollte dann völlig erneuert werden.

Kot auf den Sitzstangen wird beispielsweise mit Hilfe einer harten Bürste entfernt. Wischen Sie die Stangen anschließend mit einem feuchten Tuch ab.

Ebenso verfährt man mit dem Vogelbaum (→ Seite 56).

Den Kot im Blumenkübel kann man hier mit einem Spachtel entfernen.

Federn und Gefiederstaub lassen sich gut mit dem Staubsauger beseitigen. Kotbeschmutzte Möbel werden mit einem feuchten Tuch gereinigt. Kot z.B. auf dem Teppich macht etwas mehr Pro-

Foto oben: Die Schwanzfedern werden ausgiebig geputzt.
Foto unten: Die Schwungfedern bedürfen einer sorgfältigen Pflege.

PFLEGEMASSNAHMEN

Beim Kratzen wird der Fuß unter dem Flügel hindurchgeführt. Auch dies gehört zur Körperpflege.

bleme. Ist das Häufchen trocken und fest, wird es vorsichtig mit einem Küchentuch aufgenommen. Sonst sollten Sie es lieber antrocknen lassen und dann erst entfernen (auch auf Kleidungsstücken).

Da Nymphensittiche sehr wenig tierisches Eiweiß zu sich nehmen, riecht auch ihr Kot kaum. Ferner ist bei einem gut gepflegten Vogel, der in der Wohnung gehalten wird, der Kot kaum mit Bakterien versetzt. Übertriebene Angst vor Krankheiten ist unbegründet. Mit den normalen Maßnahmen wie Käfig säubern, Hände waschen usw. beugt man genügend vor.

Hinweis: Viele Menschen versuchen, ihre Heimtiere steril zu halten, um sie und sich selbst vor Krankheiten zu schützen. In einer sterilen Umgebung können aber weder Mensch noch Tier Abwehrstoffe produzieren. Auch Desinfektionsmittel schädigen oft den Organismus. Es kommt zu Vergiftungen und Atemwegsreizungen.

Übrigens ist es wissenschaftlich erwiesen, daß Menschen, die mit Tieren leben, meist ein funktionsfähigeres Immunsystem haben.

RICHTIG HALTEN UND PFLEGEN

Gesundheitsvorsorge und Krankheiten

Die beste Möglichkeit, Krankheiten bei Ihren Nymphensittichen vorzubeugen, sind eine artgerechte Haltung und optimale Pflege. Halten Sie Nymphensittiche immer zusammen mit wenigstens einem Artgenossen, ernähren Sie die Vögel abwechslungsreich, sorgen Sie für einen sauberen Käfig, und verschaffen Sie den Nymphensittichen Bewegung und Abwechslung vom tristen Käfigdasein. Sollte dennoch einmal ein Vogel krank werden, gilt es schnell zu handeln. Zögern Sie nicht, den kranken Nymphensittich sofort einem Tierarzt vorzustellen.

Der Vogelorganismus und seine Besonderheiten

Der Regenwald ist das Zuhause der meisten Papageienarten. Hier gibt es Nahrung im Überfluß. Das Anlegen von Fettreserven ist also gar nicht nötig. Ferner müssen alle flugfähigen Vögel von Natur aus möglichst leicht sein. Also hat die Natur überflüssige Fettspeicher für Vögel gar nicht

Gesunde Vögel nutzen solch eine Schaukel gerne zum Turnen.

KRANKHEITSANZEICHEN

Der vermeintlich andere Hahn im Spiegel wird zunächt einmal mißtrauisch beäugt.

erst vorgesehen. Fett ist allerdings der Energielieferant des Körpers. Besonders in Notzeiten oder wenn die Energieversorgung durch Futteraufnahme nicht möglich ist, greift der Körper normalerweise auf das Körperfett zurück. Dies ist bei einem Vogel normalerweise jedoch nicht möglich. Ferner ist der Normalstoffwechsel der Vögel an sich schon sehr hoch. Sie haben z. B. eine normale Körpertemperatur von 42 °C. Diese Umstände verlangen eine ständige Energiezufuhr in Form von Nahrung.

Ein kranker Vogel stellt häufig die Nahrungsaufnahme ein. Hat er zudem noch Fieber, sind seine wenigen Reserven innerhalb kürzester Zeit verbraucht. Bringen Sie deshalb einen kranken Nymphensittich sofort zum Tierarzt, wenn Sie erste Krankheitsanzeichen feststellen.

Die ersten Krankheitsanzeichen

Selbst wenn man seine Vögel genau beobachtet, fällt eine Krankheit meist recht spät auf. Sitzt der Vogel nämlich leicht aufgeplustert im Käfig, kann man z. B. nicht auf den ersten Blick erkennen, daß er vielleicht einiges an Gewicht verloren hat. Dennoch sollten Sie es sich zur täglichen Gewohnheit machen, Ihr Augenmerk auf ganz bestimmte Dinge zu legen wie z. B.: Ist der Kot in Ordnung? Nimmt der Vogel Futter und Wasser auf? Schläft er viel? Sitzt er vowiegend mit aufgeplustertem Gefieder an einem Platz?

Erste-Hilfe-Maßnahme: Einem kranken Vogel tut vor allem Wärme gut. Als Sofortmaßnahme können Sie dem Tier eine Rotlichtbestrahlung anbieten. Dabei wird die eine Käfighälfte mit einem Tuch abgedeckt, die andere Hälfte bestrahlt. So kann der Vogel sich aussuchen, ob er die Wärme sucht oder sich lieber zurückziehen möchte. Prüfen Sie mit der Hand, ob die Temperatur in Höhe des Vogels nicht zu hoch ist (→ Zeichnung, Seite 78).

Verletzungen

Sowohl in der Freivoliere als auch in der Zimmervoliere, wenn mehre Vögel zusammen gehalten werden, kommt es

RICHTIG HALTEN UND PFLEGEN

häufig zu Verletzungen. Ursache sind draußen meist Katzen, Marder, aber auch Nistkastenstreitigkeiten, Rangordnungskämpfe und Unachtsamkeit beim Freiflug.
Anzeichen sind: Blut auf dem Gefieder und/oder auf der Sitzstange; Knochenbrüche.
Behandlung: Kleine Wunden heilen von alleine. Größere Wunden mit einem mit Eisendreichlorid getränktem Wattebausch betupfen, um die Blutung zu stillen, und anschließend mit Jodsalbe bestreichen. Sehr starke Blutungen vorsichtig abdrücken und den Vogel sofort zum Tierarzt bringen. Auch bei Knochenbrüchen muß der Vogel zum Tierarzt.

Parasitenbefall

Als Parasiten kommen vor allem Rote Vogelmilben, Federlinge, Vogelläuse und Grabmilben in Frage. Nymphensittiche stecken sich meist über den Kontakt mit anderen Vögeln an.
Anzeichen für einen Befall sind meist starke Unruhe, zwanghaftes Putzen, kaum Ruhe- oder Schlafpausen und plötzliches Aufschrecken.
Rote Vogelmilben verstecken sich tagsüber in Holzteilen des Käfigs und befallen nachts den Vogel, um Blut aus seiner Haut zu saugen. Wenn Sie nachts ein weißes Tuch über den Käfig hängen, können Sie die Milben am nächsten Morgen am Tuch haften sehen.
Lassen Sie sich ein wirksames Milbenmittel vom Tierarzt geben. Alle Holzteile aus dem Käfig müssen entfernt, gründlichst gereinigt und desinfiziert werden.
Federlinge sind mit bloßem Auge auf dem Gefieder zu erkennen. In diesem Fall gilt das gleiche wie für Vogelmilben beschrieben.
Grabmilben verursachen die gefürchtete Sittichräude oder den sogenannten Schnabelschwamm. Die Milben leben in allen unbefiederten Hautpartien und in den Hornteilen des Vogels. Hier treiben sie Bohrgänge in die Haut, was zu Auftreibungen führt. Im Anfangsstadium alle unbefiederten Körperregionen etwa 10 Tage lang mit Speiseöl betupfen. Das Öl erstickt die Milben. Stellt sich keine Besserung ein, zum Tierarzt gehen.

Geschwulste

Fettgeschwulste sind oft harmlos und kommen bei äl-

> **TIP**
>
> Am wichtigsten ist es, seinen Vogel genau zu kennen, denn nur dann können Sie Veränderungen schnell registrieren. Je nachdem wie beunruhigend die Symptome sind, den Tierarzt sofort, spätestens aber am nächsten Tag aufsuchen.

DIE HÄUFIGSTEN KRANKHEITEN

teren Vögeln häufiger vor. Die Geschwulste behindern erst dann, wenn ungünstige Körperregionen betroffen sind oder sie sehr groß geworden sind. Im frühen Stadium kann der Tierarzt die Geschwulst durch einen chirurgischen Eingriff entfernen.

Federbalgzysten entstehen dann, wenn die Federn in ihrer Entwicklung zurückgeblieben sind, die Hautoberfläche nicht durchstoßen haben, aber unter der Haut weiterwachsen. Auch hier kann mit einer kleinen Operation Abhilfe geschaffen werden.

Hinweis: Verwechselt werden können die Zysten mit einer verstopften Bürzeldrüse, der Fettdrüse am Schwanzansatz. Diese sollte vom Tierarzt entleert werden.

Ein Luftsackriß läßt die Haut am Vogelkörper wie aufgeblasen erscheinen. Hierbei handelt es sich jedoch nicht um eine Geschwulst, sondern um ein Loch im Luftsack. Durch eine Operation kann das Loch geschlossen werden.

Übermäßiges Schnabel- oder Krallenwachstum

Die Anzeichen dafür sind Hängenbleiben mit den Krallen z. B. in der Gardine oder Schwierigkeiten bei der Nahrungsaufnahme, weil der Oberschnabel zu lang ist.

Mögliche Ursachen: Altersbedingte Stoffwechselveränderungen, falsche Ernährung, zu wenig Nagematerial.

Behandlung: Die nötige Kürzung von Krallen und Schnabel unbedingt von einem Tierarzt vornehmen lassen. Beim Krallenschneiden können Blutgefäße verletzt werden. Ein Wetzstein oder Zweige zum Benagen und Krallenabnutzen wirken vorbeugend.

Verstopfung

Wenn der Vogel angestrengt preßt und dennoch keinen

Eine ausgewogene gesunde Ernährung beugt Krankheiten vor.

RICHTIG HALTEN UND PFLEGEN

Kot absetzen kann, leidet er an einer Verstopfung.
Mögliche Ursachen: Falsche Ernährung, Aufnahme von Fremdkörpern, Tumor und vieles mehr. Auch Legenot bei weiblichen Tieren kann zu einer Verstopfung führen. Die Ursachen müssen von einem Tierarzt abgeklärt werden.
Behandlung: Nur durch den Tierarzt. Bei zahmen Tieren kann man leicht den Unterbauch massieren, um die Darmtätigkeit anzuregen. Auch eine Rotlichtbestrahlung kann helfen (→ Zeichnung, Seite 78), ebenso leichte Bewegung.

Durchfall

Da Vögel keinen flüssigen Urin ausscheiden, ist der normalerweise feste, weiße Anteil im Kot der Urin, der grüne Anteil ist der Kot. Beides wird in der Kloake, dem After, gemischt. Ist der grüne Anteil flüssig, hat der Vogel Durchfall. Verliert dagegen der weiße Anteil seine Konsistenz, kann der Vogel Nierenprobleme haben.
Mögliche Ursachen: Macht der Vogel einen munteren Eindruck, kann es sich um eine harmlose Störung handeln, die z. B. durch Aufregung oder durch die Fütterung mit Obst hervorgerufen wurde. Setzt der Vogel jedoch den ganzen Tag über flüssigen Kot ab, ist er matt und apathisch, ist sein Gefieder um die Kloake stark verschmutzt und ist der Kot gar bräunlich oder mit Blut vermengt, sind dies höchste Alarmsignale, deren Ursache der Tierarzt abklären muß.
Behandlung: Da ein Vogel bei Durchfall sehr schnell viel Flüssigkeit verliert, sollten Sie nicht zögern, sofort einen Tierarzt aufzusuchen.
Als Soforthilfe-Maßnahme wird der Vogel in einem separaten Käfig untergebracht, um Ansteckung von Artgenossen zu vermeiden. Eine Bestrahlung mit Rotlicht kann ihm jetzt guttun (→ Seite 73). Kamillentee mit etwas Traubenzucker liefert dem Vogel ein wenig Energie. Säubern Sie die verschmutzte Kloake des Vogels mit lauwarmem Wasser.

Kropfentzündung

Kann das aufgenommene Futter nicht mehr richtig vorverdaut werden, erbricht und würgt der Vogel ständig, dann leidet er wahrscheinlich an einer Entzündung im Kropf.
Mögliche Ursachen: Bakterien, Fremdkörper, verdorbe-

> **TIP**
>
> Verantwortungsbewußte Vogelhalter sollten immer auf Notfälle wie etwa eine Verletzung des Vogels vorbereitet sein. Hier kann eine kleine Hausapotheke sehr nützlich sein. Folgendes sollte enthalten sein: die Telefonnummer des Tierarztes, blutstillende Watte, Jodsalbe, Traubenzucker, einige Teebeutel, eine kleine Schere, eine Pinzette, Zange, Lupe und etwas Verbandmull.

Nach dem Fressen wird sich ausgiebig gestreckt und gereckt.

DIE HÄUFIGSTEN KRANKHEITEN

RICHTIG HALTEN UND PFLEGEN

nes Futter, Parasiten, Pilze oder Viren. Behandlung: Nur durch den Tierarzt. Das verschmutzte Gefieder im Halsbereich des Vogels mit lauwarmem Wasser reinigen.

Gehirnerschütterung

Anzeichen für eine Gehirnerschütterung sind z. B. Kopf schief halten, taumeln, zittern, bewußtlos vom Ast fallen, Krämpfe und Lähmungen.
Mögliche Ursachen: Aufprall beim Fliegen.
Behandlung: Als erste Maßnahme den Vogel in ein ruhiges, abgedunkeltes Zimmer bringen und jede Störung vermeiden. Hat sich der Zustand etwas stabilisiert, den Tierarzt aufsuchen. Bei Gehirnblutungen kommt allerdings oft jede Hilfe zu spät.

Krankheiten der Atemwege

Die Symptome reichen von Atembeschwerden, Atemgeräuschen über Atemnot bis hin zur Lungenentzündung.
Als Ursachen kommen Zugluft, Rauch, trockene, staubhaltige Luft, Bakterien und Mikroorganismen in Frage. Lassen Sie die Ursachen von einem Tierarzt abklären.

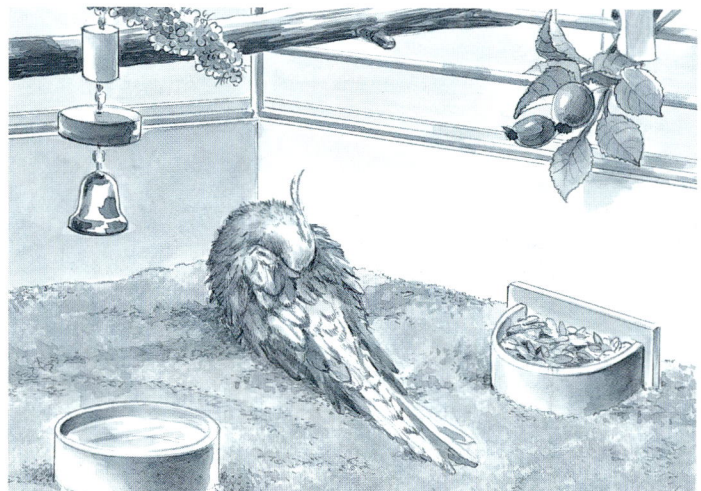

Ein kranker Nymphensittich sitzt aufgeplustert in einer Ecke des Käfigs und versteckt häufig sein Köpfchen im Rückengefieder.

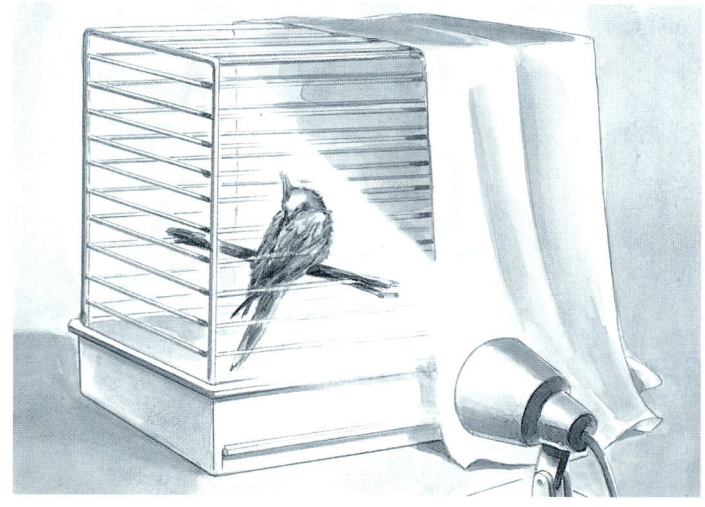

Wärme tut dem kranken Nymphensittich gut. Eine Rotlichtlampe dient als Wärmequelle.

MEDIKAMENTE EINGEBEN

Flüssige Medikamente kann man dem Vogel leichter eingeben, wenn man ihn in ein Handtuch packt.

Hinweis: Gegen trockene Luft helfen Zimmerbrunnen, Luftbefeuchter und Aquarien. An der Psittakose/Ornithose (Papageienkrankheit) können Mensch und Nymphensittich schwer erkranken. Diese Bakterieninfektion äußert sich durch Schnupfen, Nasenausfluß, apathisches Verhalten, Bindehautentzündung, Fieber, Lungenentzündung. Beim Menschen zeigen sich ebenfalls starke Grippeerscheinungen, begleitet von hohem Fieber. Diese anzeigepflichtige Krankheit ist heute bei Mensch und Tier zu therapieren.

Hinweis: Da sich ein Nymphensittich nur über Kontakt zu anderen Vögeln anstecken kann, ist die Gefahr, an Psittakose zu erkranken, für einen Stubenvogel gering.

Mit dem Nymphensittich zum Tierarzt

Besonders bei Notfällen sollten Sie unbedingt vorher telefonisch anfragen, ob der Tierarzt erreichbar ist. Falls nicht, erhalten Sie meist die Adresse eines Kollegen. So geht keine wertvolle Zeit verloren.

Transportieren Sie den kranken Vogel in seinem gewohnten Käfig, wenn der Käfig nicht zu groß ist. So kann der Tierarzt auch den Kot des Vogels begutachten. Den Käfig immer mit einer Decke abdecken oder in einen geeigneten Pappkarton stellen, um Zugluft zu vermeiden.

Haben Sie Ihre Vögel in einer geräumigen Zimmervoliere untergebracht, setzen Sie das kranke Tier in eine Transportbox (→ Foto, Seite 44).

Der Tierarzt wird Ihnen Fragen stellen, auf die Sie vorbereitet sein sollten. Standardfragen sind beispielsweise: Seit wann ist das Tier in Ihrem Besitz? Wann konnten Sie zum ersten Mal Veränderungen an dem Vogel beobachten? Kann das Tier an Schadstoffe gelangen?

Medikamente eingeben

Flüssige oder pulverisierte Medikamente werden dem Vogel ins Trinkwasser gegeben. Pulver können Sie auch über die Futterkörner streuen.

Beim Auftragen von Salben wird der Vogel mittels eines Handtuchs fixiert (→ Zeichnung oben). Dann trägt eine zweite Person mit einem Wattestäbchen die Salbe auf.

Beim Eingeben von Augentropfen Vogel mit einem Handtuch fixieren und Tropfen in die Augen einträufeln.

RICHTIG HALTEN UND PFLEGEN

Nymphensittiche züchten

Nymphensittiche bekommen auch in der Obhut des Menschen problemlos Nachwuchs. Da sie jedoch zu den Papageienvögeln gehören, brauchen Sie eine Zuchtge-nehmigung, die das örtliche Veterinäramt ausstellt (→ Rechtsfragen, Seite 25/26).

Die wichtigsten Zuchtvoraussetzungen

Wenn Sie ein harmonierendes Paar besitzen, lassen sich Nymphensittiche in fast jedem Käfig züchten. Das liegt daran, daß sie auch in ihrer Heimat nicht wählerisch sein dürfen, denn Nistgelegenheiten sind dort rar (→ Seite 12).
Ein Nistkasten im Käfig genügt dem Paar, um in Brutstimmung zu kommen. Wichtig ist, daß der Nistkasten groß genug ist.
Sie haben die Wahl zwischen einem Nistkasten in Hochformat oder Querformat. Beide Formen nehmen die Nymphensittiche an. Der hochformatige Kasten sollte eine Grundfläche von 30 cm x 30 cm haben, die Seitenwände sind 35 bis 40 cm hoch. Das Einschlupfloch muß bei beiden Nistkästen einen Durchmesser von 8 bis 9 cm aufweisen. Ein Nistkasten in Hochformat braucht innen eine Auf- und Absteighilfe unter dem Einschlupfloch. Diese kann aus einem Drahtgeflecht oder noch besser aus einer Holzleiter bestehen.
Der querformatige Kasten sollte eine Bodenfläche von 30 cm x 40 cm haben, die Höhe der Seitenwände beträgt 25 cm.
Das Bodenbrett sollte bei beiden Kästen wenigstens 3,5 cm dick sein, die Wände können dünner sein. Ebenfalls beliebt sind bei den Vögeln Nisthöhlen aus sogenannten Schwartenbrettern, also solche, an denen außen noch die Rinde vorhanden ist. Sie ähneln im Aussehen einem Naturstamm (→ TIP, Seite 81). Wichtig für alle Nistkastenmodelle ist ein abnehmbarer Deckel oder eine Klappe, damit man das Innere kontrollieren kann. Auch eine Reinigung wird dadurch erleichtert. Wählen Sie nur Nistkästen aus unbehandeltem Weichholz.

Dieser Vogel balzt den umgedrehten Glasuntersetzer aus Messing an.

BALZVERHALTEN UND HOCHZEIT

TIP
▼
Die natürlichsten Nisthilfen sind ausgehöhlte Baumstämme, deren Innendurchmesser auf die Größe der Vögel abgestimmt sein muß. Der Vorteil eines solchen Stammes ist, daß im Inneren ein besseres Mikroklima herrscht und daß seine rauhe Innenfläche den Nymphensittichen das Klettern erleichtert.

Als Nistmaterial verwenden Nymphensittiche in der Natur nur Späne, die sie im Inneren ihrer Bruthöhle abnagen, oder Material, das bereits in der Höhle vorhanden war. Somit reicht es aus, wenn Sie den Boden des Nistkastens mit einer Schicht Hobelspäne, gemischt mit etwas Torfmulch, auffüllen.

Auch das Nistmaterial sollte aus unbehandeltem Weichholz bestehen.

Hinweis: Manche Weibchen tragen die Einstreu wieder hinaus. Hier ist es ratsam, im Boden des Nistkastens eine Mulde zu schaffen, die ein Wegrollen der Eier verhindert. Für ein gleichmäßiges Bebrüten der Eier ist es nämlich wichtig, daß das Weibchen alle Eier unter sich versammelt.

Balzverhalten und Hochzeit

Nymphensittiche sind überaus verträgliche Vögel. Man kann sie im Schwarm halten, paarweise unterbringen oder auch mit anderen Arten vergesellschaften. Bei all diesen Haltungsformen kommen die Tiere in Brutstimmung, vorausgesetzt, der richtige Partner ist vorhanden und die Umwelteinflüsse (z.B. Nistkasten, abwechslungsreiche Ernährung) sind für die Brut stimulierend. Besonders reizend ist es zu beobachten, wie sich innerhalb eines Schwarmes Partner finden und eine Bindung fürs Leben eingehen.

Ein Paar erkennen Sie daran, wie liebevoll die beiden miteinander umgehen. Auch wenn Sie nur zwei Nymphensittiche halten, die sich mögen, können Sie das gesamte Verhaltensrepertoire der Vögel genießen. Das erste Anzeichen für ein gegenseitiges Gefallen ist das sehr enge Bei-

Der Vogel hält sein Spiegelbild für einen Artgenossen.

81

RICHTIG HALTEN UND PFLEGEN

einandersitzen. Die Vögel kuscheln regelrecht. Nun gelten beide als verlobt. Fortan machen sie fast alles gemeinsam. Frißt der eine Vogel, kommt der zweite hinzu. Ist das Männchen bei der Gefiederpflege, putzt sich das Weibchen auch. Danach folgen wahre Kraulorgien des Männchens. Er ist mit Hingabe dabei, ihr den Kopf zu kraulen und mit dem Schnabel Küßchen zu geben. Anschließend trägt er seiner »Angebeteten« den Balzgesang, ein melodisch-rhythmisches Pfeifen, vor.

Der Balzgesang soll die Paarbildung weiter festigen. Dann läuft das Männchen mit gespreizten Flügeln auf der Sitzstange hin und her und klopft zeitweise mit dem Schnabel auf. Nicht selten stellt er dabei seine Haube auf. Dies alles macht er, um ihr zu imponieren. Besonders anziehend findet sie es, wenn er um sie herumtrippelt und dabei die Flügel abspreizt, um seine weißen Spiegel auf der Flügelunterseite voll zur Geltung zu bringen. Außerdem verbeugt er sich oft und richtet seine Schwanz-

federn zu einem Fächer auf. Ist genügend Raum vorhanden, versucht sich das Männchen auch als Kunstflieger und bringt es dabei zu erstaunlichen Fertigkeiten.

Hinweis: Streit gibt es nur, wenn ein schon verpaarter Vogel von einem anderen umworben wird oder sich zwei Paare für den gleichen Nistkasten entscheiden. Diese Streitereien enden jedoch selten blutig. In einer Gemeinschaftsvoliere sollten Sie möglichst gleich viel Männchen wie Weibchen unterbringen und mehrere gleiche Nistkästen zur Auswahl anbieten.

Die Paarung

Erliegt das Weibchen allmählich den Liebesbeweisen des Männchens, legt sie sich mit seitlich gerich-

Foto unten links: Die Entwicklungsstufen eines Nymphensittichs. Hier ein ausgewachsener naturfarbener Vogel.

Foto unten Mitte: Etwa drei Wochen alter Jungvogel. Das Gefieder ist fast vollständig ausgebildet.

Foto unten rechts: Wenige Tage alter Nestling.

DIE PAARUNG

Liebevoll krault das Männchen sein Weibchen. Das gegenseitige Kraulen fördert die Bindung.

tetem Schwanz flach auf die Sitzstange. So fordert sie den Partner zum Tretakt, zur Kopulation, auf. Nun steigt das Männchen auf den Rücken des Weibchens, kreuzt seine Schwanzfedern so unter denen des Weibchens, daß beide Afteröffnungen, man bezeichnet den After eines Vogel als Kloake, aufeinanderliegen. Dabei gelangen die männlichen Spermien in die weiblichen Geschlechtsorgane und befruchten die heranreifenden Eier.

Der Tretakt kann mehrere Minuten dauern und wird mehrmals wiederholt. Beide Tiere geben dabei leise Töne von sich.

Ist eine Paarung beendet, sitzen die Vögel nebeneinander und ordnen ihr Gefieder.

<u>Eiablage und Brut:</u> Das Männchen schlüpft oft in den Nistkasten, um seine Henne hineinzulocken. Diese verbringt

RICHTIG HALTEN UND PFLEGEN

nun immer mehr Zeit im Kasten und benagt die Wände. Sie bereitet sich auf die Eiablage vor. Durch Scharren in der Einstreu bildet sie eine Nistmulde. Der Hahn sitzt vor dem Nistkasten und hält Wache.

Die Eiablage

Meist legt die Henne zwischen 4 und 6 Eier im Abstand von jeweils zwei Tagen.
Das erste Ei liegt etwa eine Woche nach der Paarung im Kasten. Meist beginnt das Paar erst nach dem zweiten Ei zu brüten. Dabei wechseln sich die Partner ab.
Brütet ein Hahn nicht so sorgfältig mit, kann es passieren, daß die Henne nicht genügend Geduld aufbringt, die ganze Arbeit allein zu erledigen. Sie läßt das Gelege zu lange allein. Die Eier kühlen dann aus, und die Embryonen sterben ab. Dieser Fehler kann auch einem übereifrigen oder unerfahrenen Paar unterlaufen. Das rituelle Füttern des Weibchens gehört bei Nymphensittichen nicht zur Balz. Die Henne holt sich ihr Futter selbst und wird

in dieser Zeit vom Hahn beim Brüten abgelöst.
Es kann aber auch einmal vorkommen, daß beide Tiere nicht auf dem Gelege sitzen, weil sie sich gerade putzen oder fressen. Ist dies nur für kurze Zeit, so ist für das Gelege nichts zu befürchten.
Sind die Eier befruchtet, schlüpfen in der Reihenfolge der Eiablage nach 18 bis 21 Tagen die Küken. Hat das Paar erst nach dem zweiten oder dritten Ei mit der Brut begonnen, so können an einem Tag mehrere Babys schlüpfen. Die später geborenen Nestlinge sind zwar kleiner als ihre Geschwister, werden aber von den Eltern in der Regel genausogut versorgt. Sind die Babys noch sehr klein, ist es wichtig, die Eltern nicht durch übertriebene Neugierde zu oft zu stören. Gelegentliche Kontrollen am Nistkasten werden aber meist toleriert.

TIP

Ob ein Ei befruchtet ist, kann man nach etwa sechs Tagen mit einer starken Lichtquelle kontrollieren. Dazu die Lampe dicht an die Eier halten. Befruchtete Eier haben ein rotes Adergeflecht im Inneren. Unbefruchtete Eier sind leer. (→ Zeichnung, Seite 87).

Einem einzeln gehaltenen Vogel kann der Mensch niemals den Artgenossen ersetzen.

DIE ENTWICKLUNG DER JUNGEN

In der Natur haben Nymphensittiche die Möglichkeit, ihren Partner fürs Leben unter vielen Artgenossen auszuwählen.

Hinweis: Auch einzeln gehaltene Weibchen können ab und an einmal Eier legen. Niemals die Eier sofort entfernen, dies regt nur zum Nachlegen an. Lassen Sie die Henne eine Zeitlang die Eier bebrüten. Dies spart dem Tier Kraft, weil es keine neuen Eier produziert. Hat man ein Paar, möchte aber keine Jungen, bieten Sie den Tieren auf keinen Fall einen Nistkasten an. Gelegte Eier an beiden Polen mit einer Nadel anstechen, so können sich keine Embryonen entwickeln, oder die Eier gegen Kunsteier austauschen.

Die Entwicklung der Jungvögel

Frisch geschlüpfte Junge haben eine rosa Haut und gelbe Daunenfedern. Sie können noch nicht sitzen, und die Augen sind geschlossen. Ihr Gewicht beträgt etwa fünf Gramm. Die Eltern versorgen

RICHTIG HALTEN UND PFLEGEN

ihre Jungen mit flüssiger Nahrung, der sogenannten Kropfmilch. Dafür ist der Unterschnabel der Küken sehr breit angelegt. Auf dem Oberschnabel befindet sich noch der Eizahn, mit dem das Ei durchbrochen wurde.
Nach vier bis fünf Tagen beginnen sich die Augen zu öffnen, Bettellaute sind nun deutlich zu hören. Das Gewicht ist auf 15 Gramm gestiegen.
Nach 10 Tagen sind die Augen richtig offen. Erste kleine Federn sind zu sehen. Der Kopf kann gehoben werden, und das Küken kann leise zischen. Die Eltern ersetzen die Kropfmilch nun immer mehr durch vorverdaute Körner. Beim Betteln werden pumpende Bewegungen gemacht, und das Gewicht des einzelnen Kükens ist auf ca. 35 Gramm gestiegen.
Nach etwa 15 Tagen verliert sich der Eizahn, und die Küken können ihre Eltern erkennen. Sie orientieren sich im Kasten zum Schlupfloch hin. Der Schnabel ist nun ausgehärtet, und das Gewicht beträgt ungefähr 40 bis 50 Gramm. Die ersten Federkiele platzen auf, und man erkennt die Farbe.

Mit 18 Tagen ist der Wangenfleck zu sehen. Bei Gefahr kann die Haube aufgerichtet werden, und Zischen sowie Flügelspreizen gehören zum Abwehrverhalten.
Nach gut 20 Tagen sind die gelben Unterdaunen durch graue ersetzt. Das stachelige Aussehen verschwindet immer mehr. Die Tiere wiegen ca. 60 Gramm.
Mit 28 bis 35 Tagen ist das Gefieder vollständig ausgebildet, die Farben sind aber matter als bei Altvögeln. Die Kinder fliegen nun aus. Sie

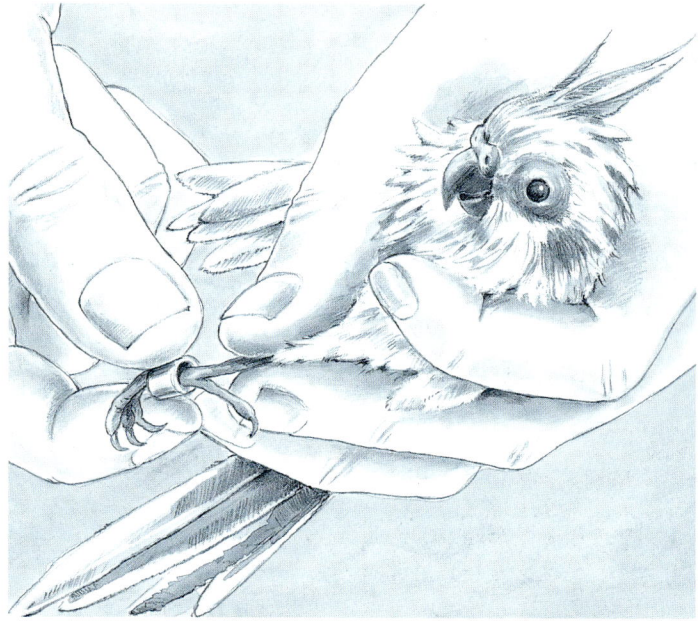

Richtiges Anlegen eines geschlossenen Fußringes. Das Beringen sollte etwa am siebten Lebenstag eines Kükens vorgenommen werden.

DAS BERINGEN

Durch das Abtasten des Kropfes läßt sich feststellen, ob das Küken genug Futter im Kropf hat.

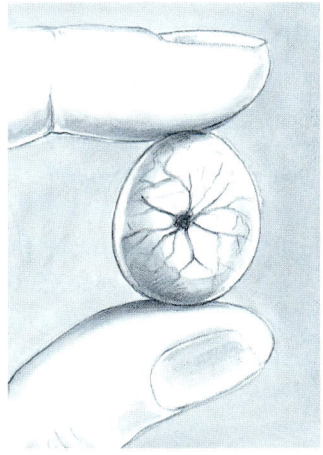

So sieht ein befruchtetes Ei aus, wenn man es durchleuchtet.

sind zwar sofort flugfähig, stellen sich aber meist sehr ungeschickt an.

Da es mit der Landung meist noch nicht so gut klappt, können die Tiere beim Freiflug an eine Wand prallen und sich verletzen.

Mit ungefähr 35 bis 40 Tagen fangen die Kleinen an, selbständig zu fressen, wobei sich die Rationen ständig steigern und der Anteil der Elternfütterung immer mehr abnimmt.

Selbständigkeit und Jugendzeit

Die Eltern dulden ihren Nachwuchs auch weiterhin in der Nähe. Sollen sie jedoch erneut brüten, empfiehlt es sich, die Jungvögel in einer separaten Voliere unterzubringen. Die Ernährung wie in der Zuchtvoliere beibehalten, um die Umstellung zu erleichtern. An Vitamine, Mineralien und Spurenelemente denken(→ Seite 65).

Mit ca. sechs Monaten erfolgt die Mauser ins Erwachsenengefieder. Nun sind auch die Geschlechter eindeutig voneinander zu unterscheiden. Mit neun Monaten sind die Nymphensittiche geschlechtsreif, mit der Zucht sollte aber noch etwas gewartet werden.

Das Beringen

Die Nestlinge sollten mit etwa sieben Tagen beringt werden (→ Rechtsfragen, Seite 25/26). Dies erfordert einige Übung. Am besten läßt man sich dies von einem erfahrenen Züchter zeigen. Nehmen Sie das Küken in die Hand, und spreizen Sie einen Fuß des Vogels leicht ab (→ Zeichnung links). Den Ring vorsichtig über die drei längsten Zehen streifen, den vierten Zeh nach hinten ziehen. Dann den Ring nach oben schieben, bis er auch über den letzten Zeh rutscht.

Weniger riskant sind sogenannte offene Ringe, die auch erwachsenen Tieren angelegt werden können.

Handaufzucht

Die Aufzucht von Nestlingen per Hand halte ich nur dann für sinnvoll, wenn Umstände wie etwa der Tod der Eltern den Züchter dazu zwingen. Handaufgezogene Vögel sind fast immer fehlgeprägt auf den Menschen. Besser ist es, die Nestlinge eventuell bei einem Paar Zieheltern unterzulegen. Dann kommt es später auch nicht zu Verhaltensstörungen wie z. B. Federrupfen (→ Seite 117).

Verstehen lernen und beschäftigen

Wenn Sie Ihre Nymphensittiche intensiv beobachten, werden Sie viele Verhaltensweisen zu deuten wissen und damit die Basis für eine lange Freundschaft schaffen.

VERSTEHEN LERNEN UND BESCHÄFTIGEN

Was Nymphensittiche alles können

Um die ganze Palette ihrer vielfältigen Verhaltensweisen bobachten zu können, müssen Sie mindestens zwei Nymphensittiche pflegen. Wenn Sie dazu noch die Bedeutung der einzelnen Verhaltensweisen kennen, wird die Vogelhaltung zu einem Naturerlebnis ganz besonderer Art.

Verhaltensweisen, die Sie kennen sollten

Austrecken der Beine: Hierbei wird ein Bein und der dazugehörige Flügel nach hinten ausgestreckt und dann zurückgezogen, wobei die Zehen zusammengezogen werden. Man kann diese Bewegung mit unserem menschlichen »Sich Strecken« vergleichen. Es dient dazu, ermüdete Muskeln zu entspannen.

Schnabel ins Rückengefieder stecken: Dies ist die typische Schlafhaltung sehr vieler Vögel, wobei das Rückengefieder leicht aufgeplustert ist und somit die ganze Schnabelregion aufnimmt. Es ist erstaunlich, daß der Nymphensittich seinen Kopf um 180° drehen kann. So kann er auch problemlos sein Rückengefieder putzen.

Ruhen auf einem Bein: Diese Position dient der Entlastung eines Beines. Einbeinig sitzt der Vogel auch beim Schlafen auf der Sitzstange. In der Natur hat dieses Verhalten folgenden Sinn: Bei kalten Temperaturen wärmen die Tiere so abwechselnd jedes Bein im Gefieder. Vögel, die ein Bein z. B. durch einen Unfall verloren haben, können darum im Winter nicht in einer Freivoliere gehalten werden.
Es sieht übrigens lustig aus, wenn der Vogel erst das Bein nach hinten ausstreckt, es dann theatralisch nach vorne holt und dann schließlich wieder im Bauchgefieder verschwinden läßt.

Anheben beider Flügel: Ebenfalls zum Entspannen und als Muskeltraining dient das gleichzeitige Anheben beider Flügel. Dies macht der Nymphensittich auch bei sehr hohen Temperaturen, um kühle Luft an den Körper und um Wärme entweichen zu lassen. Auch beim Duschen werden die Flügel abgespreizt. Auf diese Weise bekommt er möglichst viel Wasser ab.

Schlagen mit den Flügeln: Hält sich das Tier an der Sitzstange fest und schlägt mit beiden Flügeln, so trainiert es seine Flugmuskeln oder baut überschüssige Energie ab.

Ein Schwarm Nymphensittiche in der Weite Australiens. Bei diesem Foto läßt sich ermessen, wie wenig artgerecht die Einzelhaltung ist.

VERHALTENSWEISEN

Seitliches Wegstrecken beider Flügel: Dieses Verhalten gehört zum Balzritual des Hahns. Es ist eine Art Imponiergehabe, um die Auserwählte zu beeindrucken und Rivalen von der eigenen Größe zu überzeugen. Der Kopf wird dabei gesenkt, der Schwanz steil nach oben gestellt.

Sich putzen: Zu den weitaus am häufigsten zu sehenden Verhaltensweisen beim Nymphensittich gehört das Putzen.

3 VERSTEHEN LERNEN UND BESCHÄFTIGEN

Hagebutten oder Heckenrosen enthalten viel Vitamin A. Sie schmecken dem Vogel.

Dies wurde schon an anderer Stelle ausführlich beschrieben (→ Seite 66).

Sich kratzen: Dies ist eine normale Tätigkeit im Tagesablauf eines Vogels und dient dem Entfernen von Schmutz aus dem Gefieder und dem Beheben eines Juckreizes. Am Kopf kratzen sich Nymphensittiche, indem sie den Fuß unter dem Flügel hindurch nach oben führen.

Hinweis: Ein Vogel, der sich ständig an der gleichen Stelle kratzt, sollte einem Tierarzt vorgestellt werden. Vielleicht ist das Tier von Parasiten befallen (→ Seite 74).

Gefieder ausschütteln: Mehrmals am Tag, besonders am Morgen, kann man den Nymphensittich dabei beobachten, wie er sein Gefieder ausschüttelt. Es geht hierbei eine Art Rüttelbewegung durch den ganzen Körper. Durch das Schütteln des Gefieders be-

VERHALTENSWEISEN

Warum wetzt ein Nymphensittich seinen Schnabel?

Wenn du deinen Nymphensittich genau beobachtest, wirst du feststellen, daß er seinen Schnabel mehrmals am Tag an einem Ast wetzt. Dies macht er, um Futterreste wie Obst oder Eifutter von seinem Schnabel zu entfernen. Auch kleine Unebenheiten an den Schnabelkanten kann er so wieder glattschleifen. Das Schnabelwetzen ist aber manchmal auch eine Form der Begrüßung. Antworte dann deinem Vogel. Kratze mit dem Fingernagel am Ast. Dies ist dann für deinen Nymphensittich so, als würde ihm ein Artgenosse Antwort geben. Oft wetzt ein Nymphensittich seinen Schnabel aus Verlegenheit. So überbrückt er dann eine ihm unangenehme Situation.

freit sich der Vogel von Staub und ordnet so sein Gefieder. Auch in aufregenden Situationen kommt es zum Ausschütteln des Federkleides. Bei Gefahr muß jede Feder richtig liegen, damit der Vogel fliegend rechtzeitig die Flucht ergreifen kann.

Die Kopffedern plustern: Die Kopffedern beim Hahn, speziell die gelben, nennt man Maske. Die Vögel sind in der Lage, nur diese Maske zu plustern, also diese Federn vom Körper abstehen zu lassen. Dies sieht man oft bei Jungtieren, was ihnen ein noch niedlicheres Aussehen verleiht. Generell wird das Kopfgefieder jedoch kurz vor dem Einschlafen oder beim Dösen aufgeplustert.

Aufplustern des gesamten Gefieders: Beim Plustern des gesamten Gefieders werden alle Federn am ganzen Körper abgestellt. Hierdurch entsteht eine Art Luftpolster zwischen Haut und Feder. Dies wirkt wärmeisolierend. Nymphensittiche machen dies, wenn ihnen kalt ist, manchmal auch beim Schlafen. Ist ein Tier den ganzen Tag über aufgeplustert, so ist dies ein Zeichen für eine Krankheit (→ Seite 73).

Gähnen: Es ist bei allen Papageienvögeln zu beobachten. Der Vogel gähnt in der Regel aus Sauerstoffmangel, woraus schließlich Müdigkeit resultiert.

Niesen: Hierbei handelt es sich um ein Geräusch, welches unserem Niesen absolut ähnlich ist. Dies hat aber oft nichts mit einem Schnupfen zu tun, denn dabei hat ein Nymphensittich auch Nasenausfluß. Beim normalen Niesen handelt es sich um einen

VERSTEHEN LERNEN UND BESCHÄFTIGEN

Reinigungsvorgang der Nase, unserem Schneuzen ähnlich.

Die Lautsprache

Die Laute, mit denen Nymphensittiche untereinander kommunizieren, sind relativ leise. Es gibt Laute für Angst, für die Balz, fürs Anbetteln der Elterntiere, einen Kontaktlaut beim Fliegen oder stupides Schreien. Obwohl die einzeln vorgetragenen Töne recht leise sind, kann ein monotones Wiederholen oder ständiges Rufen von allein gelassenen Vögeln stark belästigend sein. Man sollte immer die Ursache dieses Verhaltens ergründen und versuchen, sie abzustellen.

Was die Federhaube verrät

Entspannung: In allen normalen, ruhigen und entspannten Situationen liegt die Haube des Nymphensittichs fast waagrecht am Kopf an. Die Haubenspitze zeigt nach oben, und die Federn sind völlig glatt (→ Zeichnung, Seite 94 oben).
Interesse: Bei Tätigkeiten, die seine Aufmerksamkeit erfordern, Dingen, die den Nymphensittich interessieren, und wenn er gespannt etwas Neues untersucht, ist die Haube senkrecht aufgestellt (→ Zeichnung, Seite 94 unten).
Anspannung: Ist die Haube aufs äußerste gestrafft und fast nach vorne gerichtet, ist dies ein Zeichen für größte Erregung und Anspannung sowie für äußerste Konzentration (→ Zeichnung, Seite 95 unten).
Angst: Hat der Vogel Angst, ist er unsicher oder fürchtet er sich, kippt der Nymphensittich seine Haube nach hinten und faucht. Der Kopf wird dabei nach vorne gestreckt (→ Zeichnung, Seite 95 oben).

Nymphensittiche sind klug

Da Nymphensittiche neben dem Wellensittich und dem Zebrafinken schon sehr lange in Menschenobhut gehalten werden, gelten sie als domestiziert. Sie haben jedoch noch einiges aus ihrem Wildvogeldasein beibehalten, was sich auch für die Haltung als Stubenvogel bewährt.
Es gibt fast nichts Neugierigeres als einen zahmen Nymphensittich. Alles, was irgendwie neu für ihn ist, wird eingehend untersucht. Dies hat den Sinn, neuen Umwelteinflüssen gewachsen zu sein und mit veränderten Bedingungen im Lebensraum zurechtzukom-

Zeichnung oben: Die anliegende Haube zeigt an, daß der Vogel ruhig und entspannt ist.

Zeichnung unten: Wenn irgend etwas das Interesse des Vogels geweckt hat, steht die Haube senkrecht.

WAS DIE FEDERHAUBE VERRÄT

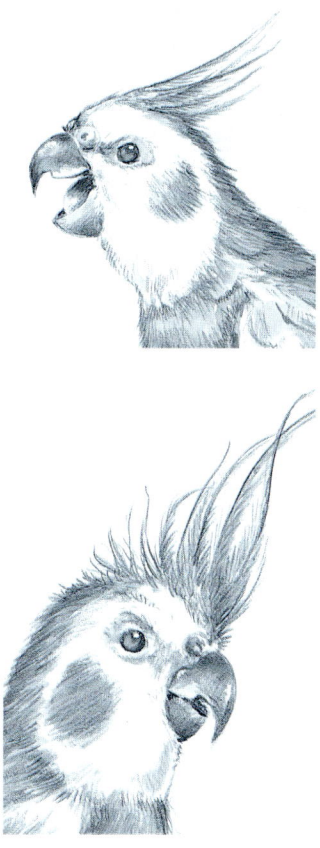

Zeichnung oben: Mit geöffnetem Schnabel droht der Vogel.

Zeichnung unten: Die gestraffte Haube läßt auf äußerste Anspannung schließen.

Zeichnung rechts: Beim Schlafen wird der Kopf ins Rückengefieder gesteckt.

3 VERSTEHEN LERNEN UND BESCHÄFTIGEN

men. Dabei kann es in der Obhut des Menschen aber auch zu lustigen oder gefährlichen Situationen kommen.
Betätigt man z.B. im Beisein des Tieres die WC-Spülung, so schaut er interessiert, woher das Wasser kommt.
Wagt er sich zu weit über den Rand, kann der Vogel ins WC fallen und sogar ertrinken.
Alles Neue wird mit dem Schnabel oder der Zunge erkundet, nachdem es eingehend betrachtet wurde. Dadurch sind vor allem die Kopfregion und der Schnabel einer besonderen Verletzungsgefahr ausgesetzt (brennende Kerze, Bügeleisen usw.).
Wiederholen sich bestimmte Dinge regelmäßig, weiß der Vogel schnell, was vorteilhaft für ihn ist.
Beispielsweise dauert es nicht lange, bis er begreift, wo es zum Käfig hinausgeht. Ist die Tür verschlossen, wird der Verschluß eingehend untersucht und nicht selten mit Hilfe des Schnabels geöffnet.

Hat man ein Pärchen, so schreien die Tiere ununterbrochen, wenn ein Partner nicht in der Nähe ist, sie halten Stimmkontakt. Dies hilft in der Natur, einander wiederzufinden. Beim Entfliegen eines Vogels kann man sich dies zunutze machen. Häufig kehrt ein Ausreißer zum Partner im Käfig am offenen Fenster zurück.

Die Sinnesleistungen

<u>Der Geruchssinn:</u> Bei den meisten Vogelarten wissen wir

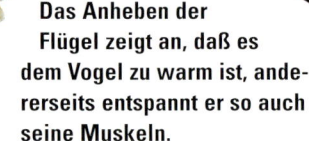

Das Anheben der Flügel zeigt an, daß es dem Vogel zu warm ist, andererseits entspannt er so auch seine Muskeln.

SINNESLEISTUNGEN

> **TIP**
>
> Daß der Nymphensittich Salziges schmecken kann, werden Sie schnell selbst feststellen. Der Vogel ist geradezu begierig auf salzhaltige Speisen. Ein Stück Laugenbrezel ab und an, bereichert durchaus den Speiseplan des Vogels. Jedoch Vorsicht, zuviel ist ungesund. In der Natur kommt das Salz aus mineralhaltiger Erde, die aufgenommen wird.

Vogelsand ist wichtig für die Verdauung.

über die Riechorgane nur recht wenig. Es ist jedoch wahrscheinlich, daß verschiedene Gerüche wahrgenommen werden. Besonders für Rauch und stark reizend riechende Substanzen ist dies erwiesen.

Der Geschmackssinn: In der Natur ist der Geschmackssinn nicht von übermäßiger Bedeutung. Bekömmliches wird den Jungen durch die Alttiere gezeigt, außerdem spielt persönliche Erfahrung eine Rolle. Die Nahrung wird zuerst mit der Zunge betastet, wobei der Vogel Ungenießbares aussondert. Als Stubenvogel dagegen hat ein Vogel sehr wohl die Auswahl und kann Vorlieben für ein bestimmtes Futter entwickeln.

Das Gehör: Es ist bei Nymphensittichen gut ausgebildet. Zwar gibt es im Tierreich weitaus besser hörende Tiere, jedoch kann das Gehör immerhin mit dem eines Menschen verglichen werden. Ein gutes Gehör ist wichtig, um sich in der Natur über weite Strecken zu verständigen. Man kann schon von weitem den Schwarm z. B. vor Feinden warnen.

Das Sehvermögen: Bei Nymphensittichen ist dieser Sinn am besten entwickelt. Da die Augen seitlich am Kopf angeordnet sind, haben die Nymphensittiche eine Art »Rundumblick«. Dafür ist aber der Bereich, den beide Augen gemeinsam wahrnehmen können, recht klein. Vögel können aber fünfmal so viele Bilder in einer Sekunde aufnehmen als wir. Dies ist vor allem beim schnellen Fliegen sehr wichtig. Wer einen Feind früh genug erkennt, lebt in der Natur länger.

Das Vermögen, Farbe zu sehen, ist bei Vögeln gut ausgeprägt. Dies ist vor allem für die Nahrungssuche und das Erkennen von Feinden (Warnfarben von Schlangen und Insekten) sehr wichtig.

VERSTEHEN LERNEN UND BESCHÄFTIGEN

Schritt für Schritt Vertrauen aufbauen

Für ein harmonisches Zusammenleben ist es wichtig, daß Ihre Nymphensittiche Vertrauen zu Ihnen fassen. Deshalb müssen Nymphensittiche behutsam in ihrem neuen Heim eingewöhnt werden. Schon die ersten Stunden entscheiden darüber, ob Ihre Vögel zahm und anhänglich werden oder zurückhaltend und mißtrauisch bleiben.

Der Weg nach Hause

Wenn Sie Ihre Nymphensittiche vom Züchter oder Zoofachhändler abholen, werden die Vögel in der Regel in ein kleines Kistchen aus Holz oder Pappe »verpackt«. Die Dunkelheit und die glatten Wände im Inneren der Kiste schützen die Tiere vor Verletzungen. Auf-

DIE ERSTEN STUNDEN IM NEUEN HEIM

Durch einen Leckerbissen, den Sie dem Vogel auf der Hand anbieten, können Sie sein Vertrauen gewinnen.

regung wird von ihnen ferngehalten, und sie sind gegen Zugluft geschützt. Somit minimiert sich der Streß für die Vögel deutlich. Bringen Sie die Nymphensittiche auf dem schnellsten Weg nach Hause. Herrscht große Hitze oder auch große Kälte, müssen zusätzliche Schutzmaßnahmen getroffen werden. Zu Hause werden die Vögel in ihren neuen Käfig entlassen, der schon fix und fertig eingerichtet bereitstehen sollte.

Zutrauen gewinnen

Halten Sie die geöffnete Transportbox, in der die Vögel sitzen, vor die offene Käfigtüre. Warten Sie, bis die Tiere von selbst herauskommen. Dies kann einige Minuten dauern. Keinesfalls dürfen Sie aber auf die Box klopfen oder mit der Hand hineinfassen. Dies würden die ohnehin vom Transport verängstigten Vögel negativ mit Ihrer Person verbinden. Außerdem kann ein Nymphensittich recht fest zubeißen.
Sind die Vögel im Käfig, machen Sie die Käfigtüre zu und beobachten die Nymphensittiche nur von weitem.
An ihrem ersten Tag im neuen Heim sollten die Vögel jetzt nicht mehr gestört werden. Sie müssen zunächst einmal mit den neuen Eindrücken fertig werden. Tiere, die zu zweit sind, haben es allerdings etwas leichter als ein Einzelvogel.
Die ersten Tage sind eigentlich die schwierigsten, sowohl für den Menschen als auch für die Vögel. Verrichten Sie alle Handgriffe am Käfig, z.B. das Füllen der Futternäpfe, mit Ruhe und, wenn es geht, immer nach dem gleichen

Ein zahmer Nymphensittich genießt es, von »seinem« Menschen gekrault zu werden.

VERSTEHEN LERNEN UND BESCHÄFTIGEN

Was Nymphensittiche mögen und was sie fürchten

Was ein Nymphensittich gerne mag	Was ein Nymphensittich nicht mag
• Viel Zuwendung durch den Pfleger oder einen Artgenossen.	• Ständig allein sein.
• Ab und an einen Leckerbissen als Belohnung.	• Wenn man plötzlich am Käfig auftaucht, ohne sich vorher stimmlich anzukündigen.
• Zweige und Hölzer zum Benagen (→ Seite 44).	• Veränderungen in seiner Umgebung (Neuerungen dem Vogel langsam näherbringen).
• Viel Bewegung und Freiflug.	• Neues Spielzeug und Käfigzubehör. Die Gegenstände dem Vogel vorher mehrmals außerhalb des Käfigs zeigen.
• Stimmlichen Kontakt zum Pfleger in leiser Tonlage.	• Laute, ungewohnte Geräusche.
• Schmuseeinheiten vom Partner, ob Mensch oder Vogel.	• Ständiges Vibrieren und Erschütterungen wie etwa, wenn der Käfig auf einem Kühlschrank steht.
• Unveränderte Einrichtung in seinem Käfig.	• In der Hand gefangengehalten zu werden.
• Unveränderte Umgebung beim Freiflug.	• Gejagt zu werden, sei es vom Pfleger oder durch andere Heimtiere und Kinder.
• Möglichst gleiches Aussehen des Pflegers (Kleidung, Frisur usw.).	• Zugluft oder ständig kalte Temperaturen.
• Erhöhte Aussichtspunkte beim Freiflug, einen erhöhten Käfigstandort.	• Keine Regelmäßigkeit im Tagesablauf.
• Immer Beschäftigung haben, um Langeweile vorzubeugen.	• Eine trockene Umgebung, ohne ein Duschbad nehmen zu können.

Schema. Neues, schnelle Bewegungen und Lärm erzeugen Angst.
Sind die Vögel sehr scheu, sollten Sie sich so weit vom Käfig entfernt hinsetzen, daß die Vögel ein ruhiges Verhalten zeigen. Dann sprechen Sie mit ruhiger Stimme auf die Nymphensittiche ein. Was Sie sagen, ist unwichtig, ausschlaggebend ist der Tonfall.
Wiederholen Sie oft die Namen, die Sie Ihren Nymphensittichen gegeben haben. Sie gewöhnen sich recht schnell daran und wissen bald, daß sie damit gemeint sind.

ZUTRAULICH MACHEN

Langsam baut sich so Vertrauen auf, und der Abstand zum Käfig kann verringert werden.

Handzahm machen

In den nächsten Tagen verkleinert man schrittweise den Abstand zum Käfig und spricht häufig beruhigend mit den Tieren. Schließlich können Sie auch dicht am Käfig stehen, ohne daß die Tiere ängstlich reagieren. Nun sollten Sie die Nymphensittiche ganz behutsam an Ihre Hand gewöhnen.

Legen Sie zunächst Ihre Hand ruhig ans Käfiggitter, ein wenig später strecken Sie die Hand dann durch die geöffnete Käfigtür in den Käfig hinein. Haben die Vögel akzeptiert, daß von der Hand keine Gefahr droht, können Sie den nächsten Schritt des Vertrautmachens wagen. Halten Sie Ihre Hand nun dicht an die Vögel, berühren Sie sie vorsichtig, und kraulen Sie sie behutsam am Bauchgefieder. Hilfreich ist es, wenn Sie einen Leckerbissen wie etwa ein Stück Kolbenhirse auf die Handfläche legen. Gehen Sie mit der Handfläche unter den Bauch eines Vogels. In der Regel steigt das Tier nun auf die Hand. Beruhigende Worte und Leckereien in Maßen fördern die Bereitwilligkeit der Vögel mitzumachen.

Die Übung wird so lange im Käfig wiederholt, bis Sie sicher sind, daß jeder Vogel auf Ihre Hand steigt, wann immer Sie es wünschen. Jetzt können Sie Ihren Tieren den

Ist der Vogel so zahm, daß er von allein auf Ihren Finger steigt, können Sie ihn problemlos nach dem Freiflug in den Käfig zurückbringen.

VERSTEHEN LERNEN UND BESCHÄFTIGEN

ersten Freiflug im Zimmer gewähren (→ Seite 102).
Noch scheue Vögel kann man nicht ohne weiteres in den Käfig zurückbringen. Eine wilde Jagd auf die Tiere würde jedoch das zarte Vertrauen, das bis dahin zu Ihnen entstanden ist, sofort zerstören. Vermeiden Sie auch weiterhin schnelle Bewegungen in der Nähe der Vögel. Wollen Sie die Vögel dazu bewegen, auf Ihre Hand zu steigen, um sie in den Käfig zurückzubringen, sollten Sie den Raum vorübergehend leicht abdunkeln.

Die Nachtruhe

Meist teilen sich Nymphensittiche selbst den Tag in Ruhe- und Wachphasen ein, passen sich aber auch dem Tagesrhythmus ihres Pflegers an.
<u>Nachts</u> brauchen die Tiere jedoch unbedingt ihre Ruhe. Haben die Vögel abends ihren bevorzugten Ruheplatz eingenommen, sollten Sie sie nicht mehr stören. Damit sich die Vögel auch nachts orientieren können, z. B. wenn sie sich durch irgend etwas erschreckt haben und aufgewacht sind, ist es hilfreich, eine schwache Lichtquelle quasi als Mondersatz brennen zu lassen. Das Abdecken des Käfigs mit einem Tuch ist nicht nötig.

Der erste Freiflug

Weichen die Nymphensittiche nicht mehr angstvoll vor Ihrer Hand zurück, wird es Zeit für den ersten Freiflug. Wichtig ist auch, daß die Vögel Zeit genug hatten, sich vom Käfig aus das Zimmer und dessen Einrichtung einzuprägen, und dessen Begrenzungen richtig einschätzen können.
<u>Maßnahmen vorab:</u>
■ Vergewissern Sie sich, daß alle Fenster und Türen geschlossen sind und Sie mögliche Gefahrenquellen beseitigt haben (→ Seite 54).
■ Ziehen Sie die Gardinen vor die Fensterscheiben. Nymphensittiche sind schnelle Flieger. Sie kennen kein Glas. Beim Aufprall auf die Fensterscheibe kann sich der Vogel tödliche Verletzungen zuziehen. Sind keine Gardinen vorhanden, lassen Sie die Rollos bis auf etwa 20 cm herunter und schalten das Licht im Raum ein. Ziehen Sie dann die Rollos täglich ein Stück höher, bis eines Tages die Fensterscheibe unbedeckt bleiben kann. Die Vögel haben gelernt, die Fensterscheibe als Raumbegrenzung zu erkennen.

TIP

Legen Sie die Hand niemals oben auf das Käfigdach, wenn Ihre Nymphensittiche im Käfig sitzen, und versuchen Sie nicht, einen Vogel von oben mit der Hand zu greifen. Der Nymphensittich hätte das Gefühl, von einem Greifvogel gegriffen zu werden, was in der Natur tödlich für ihn endet. Erstes Vertrauen, das der Vogel zu Ihnen geschöpft hat, würden Sie auf diese Weise sofort zunichte machen.

Diese beiden verstehen sich prächtig. Der Vogel schmiegt sich an die Wange des Jungen, um ihm ganz nahe zu sein.

DER ERSTE FREIFLUG

Es ist soweit: Öffnen Sie die Käfigtür, und lassen Sie die Vögel selbst entscheiden, wann sie den ersten Schritt aus dem Käfig wagen. Vielleicht steigen sie auch bereits auf Ihre Hand, um sich von Ihnen ins Zimmer tragen zu lassen. Dann verbinden die Vögel mit Ihrer Hand ein weiteres positives Erlebnis. Keinesfalls darf man sie aus dem Käfig jagen.

Auch das Zurückkehren in den Käfig sollte freiwillig geschehen. Am besten ist es, der Vogel geht von allein in den Käfig, weil er Hunger hat. Deshalb Futter und Wasser nur im Käfig anbieten.

Anfangs haben viele Vögel Schwierigkeiten beim Landen. Dies muß ebenso wie das sichere Fliegen geübt werden. Am Anfang sind kleinere Bruchlandungen die Regel. Mit der Zeit entwickeln die Tiere im Zimmer Vorlieben für bestimmte Landeplätze. Hier sollten Sie z. B. alte Zeitungen hinlegen, um den herabfallenden Kot aufzufangen.

VERSTEHEN LERNEN UND BESCHÄFTIGEN

Spiel und Spaß mit Nymphensittichen

Die geistigen Fähigkeiten eines Nymphensittichs reichen zwar nicht an die Intelligenz eines Großpapageis heran, jedoch kann er leicht mit anderen Stubenvögeln konkurrieren. Damit diese Intelligenz nicht verkümmert, ist es ratsam, wenigstens zwei Tiere zu halten und ihnen viel Raum zur persönlichen Entfaltung zu geben. Für den Einzelvogel wird der Mensch zum Ersatzpartner. Dies bedeutet, daß man sehr viel Zeit investieren und sich ausgiebig mit dem Nymphensittich beschäftigen muß.

Dabeisein ist alles

Da Nymphensittiche ziemlich kluge und überaus gesellige Tiere sind, ist das Schlimmste, was man ihnen antun kann, sie ständig allein zu lassen, noch dazu ohne Beschäftigung und geistige Anregung.
Wenn Sie zu Hause sind, sollte es selbstverständlich sein, das Tier am täglichen Leben teilnehmen zu lassen. Dabeisein ist für einen Nymphensittich das Nonplusultra. So kann er ständig zeigen, was ihm gefällt und was ihm weniger behagt (→ Tabelle, Seite 100). Sie lernen auf diese Weise das Verhalten Ihrer Vögel zu deuten und ihr Wesen zu verstehen.

Hat der Vogel beispielseise Angst vor dem Staubsauger, redet man beruhigend auf ihn ein und bringt ihn in seinen Käfig, wo er sich sicher fühlt. Bald merkt das Tier, hier droht mir keine Gefahr, und geht oft schon beim Anblick des Saugers von allein in den Käfig zurück.

Bei der täglichen Hausarbeit gibt es für einen Nymphensittich allerlei Aufregendes und Interessantes zu tun. Wird etwa der Tisch gedeckt, so lieben es manche Tiere, Messer oder Gabeln vom Tisch zu schieben. Ist es nicht das teure Geschirr, macht es Freude, die Kobolde bei ihrem Treiben zu beobachten. Wenn das Tier allerdings etwas anstellt, was es nicht soll, rufen Sie energisch »Nein«.

Auch ein großes Salatblatt kann den Vogel für eine Weile beschäftigen.

SPIELE, DIE SPASS MACHEN

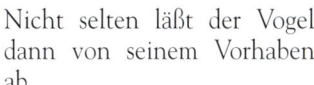

Glitzernder Schmuck reizt zum Beknabbern und Abtasten mit der Zunge.

Nicht selten läßt der Vogel dann von seinem Vorhaben ab.
Sehr zahme Nymphensittiche lieben es, von »ihrem« Menschen auf der Schulter herumgetragen zu werden. So sind sie wirklich »hautnah« dabei, was immer Sie gerade tun.
Manche Vögel lassen sich auf der Hand zum Wasserhahn tragen. Fließt das Wasser, nehmen sie gern ein kleines Duschbad.
Zu den Lieblingsspielen vieler Nymphensittiche gehört es z.B., wenn man ihnen große Murmeln auf den Tisch legt. Sie stoßen die Murmeln gegeneinander. Geräusch und Bewegung scheinen den Vögeln außerordentlich gut zu gefallen.

■ Basteln Sie eine Bastquaste. Dazu naturfarbenen Bast verwenden. Schneiden Sie etwa 20 Bastfäden in 15 cm lange Stücke. Fassen Sie die Fäden zu einem Bündel zusammen, und knicken Sie es in der Mitte um. Etwa 2 cm unterhalb der Knickstelle wird

105

VERSTEHEN LERNEN UND BESCHÄFTIGEN

das Bündel mit einem weiteren Bastfaden fest verknotet. So entsteht eine Schlaufe, an welcher Sie die Quaste im Käfig oder am Kletterbaum wiederum mit einem Bastfaden aufhängen können. Die Vögel lieben es, die einzelnen Fäden aus der Quaste herauszuziehen.

■ Mit einem Gitterbällchen (aus dem Zoofachhandel) können Sie ein Ballspiel zu zweit arrangieren. Legen Sie das Bällchen auf den Tisch. Der Vogel hat schnell herausgefunden, daß sich das Gitterbällchen in den Schnabel nehmen und werfen läßt. Rollen Sie das Bällchen danach wieder auf den Tisch zurück, und wieder darf der Vogel den Ball werfen.

■ Das Glockenspiel begeistert viele Nymphensittiche. Verbinden Sie den Klöppel einer etwas größeren Glocke mit einer Schnur. Halten Sie die Glocke über dem Tisch hoch. Der Nymphensittich untersucht natürlich die Schnur mit dem Schnabel und bringt so die Glocke zum Klingen.

■ Schicken Sie Ihre Nymphensittiche auf Futtersuche. Umwickeln Sie beispielsweise ein Stück Hirse mit unbedrucktem Papier zu einem kleinen Ball. Spielt der Vogel damit, öffnet sich durch Zufall das Papier, und er findet das Stück Hirse als Belohnung. Sie können auch ein Stück Kolbenhirse in eine kleine Pappschachtel legen. Wenn Sie einige kleine Löcher in den Karton schneiden, hat der Nymphensittich einen Ansatzpunkt, um an der Schachtel zu knabbern. Er wird eifrig bemüht sein, den Karton zu »knacken«.

■ Zahme Nymphensittiche mögen das Treppensteige-Spiel. Halten Sie den Vogel auf dem Finger einer Hand. Dann wird das Tier animiert, auf den Finger der anderen, etwas erhöhten Hand zu klettern.

Meerschweinchen und Nymphensittiche vertragen sich in der Regel gut.

SPIELE, DIE SPASS MACHEN

Dieses Spielzeug lädt zum Klettern und Schaukeln ein.

Die Finger sind für ihn wie Leiterstufen, die er hochklettern muß.

■ Lesen Sie zusammen mit Ihren Nymphensittichen die Zeitung. Lassen Sie die Blätter beim Umblättern rascheln. Reißen Sie einen Streifen Papier halb herunter. Die Vögel haben ihre Freude daran, den Streifen ganz abzureißen und Papierfetzen daraus zu machen.

■ Lassen Sie in einer flachen wassergefüllten Schale einige Weintrauben schwimmen. Setzen Sie den Vogel auf den Rand der Schale. Er wird mit dem Schnabel die Früchte hin und her schieben und versuchen, eine Weintraube zu ergattern.

■ Viele Nymphensittiche lieben klassische Musik oder anspruchsvolle Unterhaltungsmusik. Beobachten Sie, wie Ihre Nymphensittiche darauf reagieren. Vielleicht pfeifen Ihre Vögel bald die Melodie nach (→ Seite 110).

■ Testen Sie, wie klug Ihre Nymphensittiche sind. Legen Sie beispielsweise auf zwei unterschiedlich aussehende Näpfchen gleich große Deckel aus Pappe, z. B. Bierdeckel. Füllen Sie einen Napf mit Wasser, den anderen mit Leckerbissen wie z. B. Kolbenhirse. Ihre Vögel finden mit Sicherheit erstaunlich schnell heraus, in welchem Gefäß sich die Leckerbissen befinden.

Um die Intelligenz von Papageien zu testen, haben Wissenschaftler einen Test entwickelt, den Sie auch zu Hause ohne weiteres nachvollziehen können.

Nymphensittiche können Farben sehen (→ Seite 97). Legen Sie in eine von zwei gleich aussehenden Schälchen Futterkörner. Das eine Schälchen wird beispielsweise mit einem roten Karton abgedeckt, das Schälchen, in welchem sich Futter befindet, mit einem grünen. Lassen Sie den Vogel dabei zusehen, wenn Sie die Schälchen abdecken.

Zeigen Sie dem Nymphensittich nun ein grünes Extrakärtchen aus dem gleichen

3 VERSTEHEN LERNEN UND BESCHÄFTIGEN

Karton, mit welchem Sie das mit Futter gefüllte Schälchen abgedeckt haben. Schnell begreift der Vogel, was er zu tun hat. Er wird zu dem grün abgedeckten Schälchen trippeln, den Karton mit dem Schnabel wegziehen und sich seine wohlverdiente Extraration an Futter holen.

Das richtige Spielzeug

Nicht immer hat man Zeit, sich mit seinen Vögeln zu beschäftigen. Dann brauchen Ihre Nymphensittiche Spielzeug, um sich die Zeit zu vertreiben.

Als beliebte »Spielwiese« wird oft der Kletterbaum auserkoren, zumal wenn er noch mit Spielzeug bestückt ist (→ Seite 56).

Hier sollten sich Ihre Vögel aber nur dann aufhalten dürfen, wenn Sie im Haus sind.

Sich selbst überlassen kann es schnell zu unvorhergesehenen Zwischenfällen, wie etwa einer Verletzung des Vogels, kommen.

Geeignetes Spielzeug für Nymphensittiche gibt es im Zoofachhandel zu kaufen, oder Sie basteln es selbst für Ihre Vögel. Sehr beliebt sind Spielsachen aus Holz wie Ringe, Leitern oder durch eine Kette aneinandergereihte Holzrollen. Ebenso aufregend können aufgereihte leere Garnrollen sein. Selbst kurze Naturzweige beschäftigen einen Nymphensittich stundenlang.

Metallspiegel geben vor, ein Artgenosse sei zugegen, man kann auch Geräusche mit ihnen erzeugen.

Besonders reizend sind kleine Glöckchen, die oft ausgiebig zum Läuten gebracht werden.

Preiswerte Beschäftigungsmöglichkeiten sind Pappkartons und Papierstreifen sowie leere Toilettenpapierrollen. Ein Nymphensittich kann Stunden damit zubrin-

Futter, das erarbeitet werden muß, vertreibt die Langeweile.

SPRECHEN LERNEN

Was kann ein Nymphensittich lernen?

Nymphensittiche sind kluge Vögel. Das konnte Susanne schon oft bei ihren Nymphensittichen Mini und Maxi feststellen. Die beiden dürfen täglich im Zimmer fliegen. Dabei haben sie schließlich die Wandlampe entdeckt. Um die Lampe anzumachen, muß man an einer kleinen Schnur ziehen. Für Mini und Maxi mit Hilfe ihres Schnabels kein Problem. Natürlich hören die beiden auch auf ihren Namen. Wenn Sandra ihre Vögel ruft, landen sie auf ihrer Schulter und lassen sich von ihr in der Wohnung herumtragen. In der Küche fliegen die beiden in die Spüle. Mit schief gehaltenen Köpfchen schauen sie Sandra auffordernd an. Sandra weiß, was los ist. Sie muß den Wasserhahn leicht aufdrehen, damit ihre Vögel ein Duschbad nehmen können. Mit ausgebreiteten Flügeln drehen sie sich abwechselnd unter dem sanften Wasserstrahl. Mini und Maxi haben aber auch gelernt, daß es Verbote gibt. Erwischt sie Sandra zum Beispiel beim Tapetenknabbern, ruft sie laut »Schluß jetzt«. Sofort suchen die beiden Kobolde dann das Weite. Der Käfig von Maxi und Mini mußte jetzt mit einem Sicherheitsschloß gesichert werden. Sandras kluge Vögel hatten es schnell heraus, die Käfigtür zu öffnen, um sich jederzeit einen Ausflug ins Zimmer zu gestatten.

gen, Konfetti herzustellen. Bei bedrucktem Papier sollten Sie jedoch vorsichtig sein, die Druckfarbe kann giftig sein. Dicke Schnüre, z.B. Taue laden zum Turnen und Schaukeln ein. Man muß aber sicherstellen, daß die Taue nicht zernagt werden oder die Nymphensittiche Stücke herausbeißen und verschlucken können. Dies kann zu einer Kropfentzündung oder zu Verdauungsproblemen führen.
Nymphensittiche lieben alles, was glänzt. Dies kann ein Kugelschreiber oder Ihr Schmuck sein (→ Foto, Seite 105). Sie benagen auch gerne Blei- und Buntstifte. Doch Vorsicht, die Minen sind giftig für den Vogel. Lediglich Minen aus Graphit kann der Vogel unbedenklich »bearbeiten«.

Hinweis: Haben Nymphensittiche das Interesse an einem Spielzeug verloren, nehmen Sie es aus dem Käfig, und bieten Sie es nach einigen Tagen erneut an. So kann man auch alte Spielsachen wieder interessant machen.

Sprechen lernen

Wenn Sie einen Vogel haben möchten, der ein absolutes Sprachtalent ist und fast alles, was er hört, nachplappert,

3 VERSTEHEN LERNEN UND BESCHÄFTIGEN

sollte Sie sich nicht unbedingt für einen Nymphensittich entscheiden. Es gibt viele andere Vogelarten, die wesentlich besser nachahmen können, wie beispielsweise ein Graupapagei oder ein Beo.

Jedoch gibt es auch bei den Nymphensittichen einige Nachahmungstalente.

Im Nachpfeifen von Tönen oder vollständigen Liedern sind viele Nymphensittiche wahre Meister. Diese Begabung können Sie fördern, indem Sie Ihren Vögeln immer das gleiche Lied, die gleiche Melodie vorpfeifen. Dies muß man so lange machen, bis die Nachahmung perfekt ist. Da Pfeifen auch zum Balzritual des Hahnes gehört und sie damit dem Weibchen imponieren möchten, eignen sich Männchen oft besser als Weibchen dazu, Melodien nachzupfeifen.

Mit der sprachlichen Begabung ist es bei den Nymphensittichen weniger gut bestellt. Jedoch kann man versuchen, verborgene Talente zu entdecken und zu fördern.

Wichtig ist die regelmäßige Wiederholung der Worte, die der Vogel sprechen soll. Üben Sie mit ihm so oft wie möglich. Dabei ist es wichtig, immer den gleichen Tonfall zu benutzen und auch immer die gleichen Worte zu denselben Situationen zu verwenden. Am besten lernt der Vogel, wenn Sie schrittweise vorgehen. Hat er ein Wort oder einen Satz gelernt, beispielsweise »Guten Morgen« als Begrüßung, können Sie mit den Wiederholungen kürzer treten und mit einem neuen Wort beginnen.

Stellen Sie immer sicher, daß der Vogel nicht durch Geräusche oder andere Aktivitäten abgelenkt ist. Gut läßt es sich auf der Hand des Pflegers im leicht abgedunkelten Zimmer üben. Hier zeigt das Tier die nötige Konzentration. Überfordern Sie

Eine Schaukel aus dem Zoofachgeschäft für den Freisitz oder den Käfig.

SPRECHEN LERNEN

den Vogel jedoch nicht. Will es einmal nicht so recht klappen, nicht gleich die Geduld verlieren. Erledigen Sie lieber zuerst etwas anderes, und beginnen Sie dann nochmals von neuem mit dem Vogel zu üben.

Hinweis: Stellen Sie jedoch nach einiger Zeit fest, daß Ihre Vögel weder ein Talent für das Nachpfeifen von Melodien oder zum Sprechen haben, nehmen Sie das den Vögeln nicht übel. Erfreuen Sie sich statt dessen an ihrem liebenswerten Wesen.

Kluge Gesellen, lustig zum Beobachten

Wenn Sie die verschiedenen Stellungen der Haube Ihres Nymphensittichs beobachten möchten, hier dazu einige Tips (→ Seite 94):
Hängen Sie Ihren Vögeln ein neues Spielzeug in den Käfig. Am besten eines von absolut greller Farbe.
Anfangs wird der neue Gegenstand mißtrauisch beäugt und nicht selten angefaucht. Geht keine Gefahr von ihm aus, wird das Spielzeug gründlich untersucht, beknabbert und mit der Zunge betastet. Hierbei quietschen die Vögel leise. Ähnlich Beobachtungen kann man machen, wenn die Vögel Freiflug genießen und sich in der Umgebung etwas verändert hat. Veränderungen bringen Abwechslung in den Vogelalltag und bereichern den Tagesablauf. Zuviele Veränderungen täglich lösen allerdings Streß aus, da die Tiere nicht die Möglichkeit haben, sich an irgend etwas zu gewöhnen.

Ein Nymphensittich auf Entdeckungstour im Zimmer. Auch das Obst wird genau untersucht.

111

VERSTEHEN LERNEN UND BESCHÄFTIGEN

Haltungsprobleme richtig lösen

Bei der Haltung von Nymphensittichen können Probleme auftreten. Die Ursachen liegen meist nicht beim Tier, sondern werden fast immer durch Haltungsfehler hervorgerufen.

Nicht handzahm werden

Problem: Der neu erworbene Nymphensittich will nicht handzahm werden, obwohl sich der Halter ausgiebig mit seinem Tier beschäftigt.
Mögliche Ursachen: Das Tier hat in seiner Jugend eventuell sehr schlechte Erfahrungen mit Menschen gemacht, oder man hat gar kein Jungtier erworben, sondern einen schon mal verpaarten Altvogel.
Abhilfe: Man kann versuchen, dem Vogel mit sanfter Gewalt die Angst vor der Hand zu nehmen. Hierzu einen Leckerbissen auf die Hand legen und den Nymphensittich daraufsetzen. Mit der anderen Hand den Vogel locker festhalten. Keine Handschuhe tragen, da der Vogel sonst noch mehr Angst bekommt. Diese Methode ist jedoch nur Menschen zu empfehlen, die nicht so zart besaitet sind, denn Nymphensittiche können sehr fest beißen!

Hält man einige Tage durch, den Vogel so auf der Hand zu halten, merken die meisten scheuen Nymphensittiche schließlich doch, daß ihnen auf der Hand nichts geschieht, und werden mit der Zeit zutraulicher.

Nymphensittiche aneinander gewöhnen

Problem: Ein bisher einzeln gehaltener Vogel soll mit einem Artgenossen vergesellschaftet werden, die Tiere vertragen sich jedoch offensichtlich nicht.
Mögliche Ursachen: Eines der Tiere war lange in einer Partnerschaft und möchte keinen neuen Partner. Möglich ist auch, daß ein Vogel fehlgeprägt ist, z. B. auf Menschen. Solch ein Nymphensittich sieht in einem Artgenossen keinen Partner.
Abhilfe: Nymphensittiche sind als Schwarmvögel eigentlich sehr verträglich. Auch haben sie eine hohe Reizschwelle und können deshalb gut mit anderen Arten vergesellschaftet werden. Wollen Sie einem Einzeltier einen Artgenossen hinzugesellen, sollten Sie die beiden Tiere zunächst einmal in einen möglichst großen Käfig setzen und sie beobachten. Gibt es in den ersten Stunden keinen Streit, so bleibt dies oft auch später so. Vertragen sich die Vögel nicht, sollte man sie in zwei getrennten Käfigen nebeneinander stellen.
Auf neutralem Boden, also in einem für beide fremden Zimmer, gewähren Sie dann den Vögeln Freiflug.
Vertragen sich die Tiere einigermaßen, setze ich sie in einen großen, möglichst unbekannten Käfig, der in einem wiederum für die Vögel unbekannten Raum stehen sollte. Nur hier füttere ich die Nymphensittiche. Meist klappt diese Methode des Aneinandergewöhnens recht gut. Das Geschlecht der Vögel ist hierbei nicht so wichtig, auch gleichgeschlechtliche Tiere vertragen sich gut.

Lustloser, stiller Vogel

Problem: Der Nymphensittich bewegt sich wenig, nimmt kaum Nahrung zu sich und verhält sich still.
Mögliche Ursache: Oft ist der Nymphensittich nur beleidigt, weil ihm etwas nicht recht paßt. Er kann auch einfach nur

HALTUNGSPROBLEME LÖSEN

müde sein. Manchmal fühlt sich ein Nymphensittich einsam und möchte unterhalten werden. Er braucht Sozialkontakt.

Abhilfe: Versuchen Sie zunächst die möglichen Ursachen der Verhaltensveränderung zu ergründen, und beheben Sie sie, wenn möglich. Prüfen Sie auch, ob das Futter in Ordnung ist. Beobachten Sie das Tier einen Tag lang ganz genau, möglicherweise leidet es an einer Krankheit (→ Seite 73). Wird der Vogel schwächer, schläft viel und frißt überhaupt nicht mehr, sofort einen Tierarzt aufsuchen.

Kotveränderungen

Problem: Der Kot verliert seine leicht feste Konsistenz und ist breiig oder gar flüssig. Der Grünanteil und der Weißanteil im Kot sind nicht mehr erkennbar.

Mögliche Ursachen: Der Vogel hat viel Obst gefressen, das Trinkwasser war zu kalt oder der Nymphensittich hat sich sehr aufgeregt. In diesen Fällen sind Kotveränderungen normal, jedoch sollte sich der Kot nach ein bis zwei Häufchen wieder normalisieren.

Abhilfe: Stellen Sie dem Vogel ausreichend zimmerwarmes Trinkwasser zur Verfügung. Geben Sie ihm etwas Banane vermischt mit Zwiebackkrümeln. Hat der Kot nicht innerhalb kurzer Zeit wieder seine normale Konsistenz, den Vogel sofort zum Tierarzt bringen (→ Seite 76).

Blut an der Kloake

Problem: Der Vogel preßt stark, es kommt aber kein Kot. In manchen Fällen ist das Gefieder um die Kloake blutig, der Unterleib geschwollen.

Mögliche Ursachen: Manchmal kann es beim Fressen von Papier zu Verstopfungen kommen. Auch Legenot bei weiblichen Tieren, eine gutartige Fettgeschwulst oder ein Tumor können Ursache sein.

Abhilfe: Bei einer Verstopfung hilft leichte Bauchmassage, feuchte Wärme durch ein nasses Handtuch im Käfig und die Bestrahlung des Vogels mit Rotlicht (→ Seite 73). Auch bei einer leichten Legenot sind diese Maßnahmen sinnvoll, ebenso wie etwas Speiseöl in die Kloake zu geben. Tritt nach einer Stunde keine Besserung ein, den Tierarzt aufsuchen, um die Ursache abzuklären lassen.

Auch wenn der Vogel schon längst Ihr Herz erobert hat, aus einem gemeinsamen Glas sollten Sie nicht mit ihm trinken.

VERSTEHEN LERNEN UND BESCHÄFTIGEN

Hautveränderungen und Verletzungen

Problem: An einer Stelle des Körpers kommt es zu einer Veränderung der Haut oder zu einer kleinen Blutung.
Mögliche Ursachen: Verletzung beim Anfliegen eines Gegenstandes oder allzu heftiges Toben im Käfig oder am Kletterbaum.
Abhilfe: Kleine Blutungen mit blutstillender Watte behandeln. Anschließend die Wunde mit Jod desinfizieren. Handelt es sich um einen Bluterguß, so hilft etwas Sportsalbe. Größere Verletzungen müssen vom Tierarzt behandelt werden (→ Seite 73).

Der Nymphensittich gähnt oder niest oft

Problem: Dem Pfleger fällt auf, daß der Vogel bei sonstigem Normalbefinden recht häufig gähnen muß oder niest, ohne Nasenausfluß zu zeigen.
Mögliche Ursachen: Das Gähnen zeigt entweder Müdigkeit an oder ist ein Indiz für Sauerstoffmangel. Das Niesen ist, wenn keine Krankheit vorliegt, oft ein Zeichen für zu

Was ist, wenn der Vogelpartner stirbt?

Wenn sich zwei Nymphensittiche zu einem Paar zusammengefunden haben, bleiben sie ihr ganzes Leben lang zusammen. Vor kurzem ist das Weibchen von Benjamins Nymphensittich-Paar gestorben. Der hinterbliebene Vogel hat sehr um seine Partnerin getrauert. Er zwitscherte nicht mehr wie früher und wollte nicht mehr aus seinem Käfig herauskommen. Um das Tier von seiner Trauer abzulenken, hat Benjamin sich besonders viel mit dem Vogel beschäftigt und mit ihm gesprochen. Das tat dem Vogel gut. Ganz langsam bekam der Nymphensittich wieder Freude am Leben. Wenn ein Vogel nicht zu alt ist, sollte man ihm einen neuen Partner dazugesellen (→ Seite 112).

trockene, staubige Luft oder eine verstopfte Nase.
Abhilfe: Sorgen Sie für klare, saubere Luft. Lüften Sie das Vogelzimmer häufig, vermeiden Sie jedoch Zugluft. Hat sich der Vogel viel bewegt, darf er auch ein Nickerchen machen. Luftbefeuchter oder Zimmerbrunnen sorgen für Luftfeuchtigkeit und verhindern ein Verstopfen der Nasenlöcher. Verstopfte Nasenlöcher sollten von einem Tierarzt gereinigt werden.

Viele lose Federn im Käfig

Problem: Im Käfig liegen sehr viele lose Federn herum.
Mögliche Ursachen: Hier kommen sehr viele Möglichkeiten in Betracht. Bei einer Schreckmauser verliert das Tier viele Federn auf einmal, um auf diese Weise einem Feind zu entkommen. Zieht sich das Federverlieren aber über Tage dahin, so kann dem eine

HALTUNGSPROBLEME LÖSEN

Stoffwechselstörung, Hormonstörung oder eine Mangelerscheinung zugrunde liegen.
Abhilfe: Wenn nötig, Ursache durch einen Tierarzt abklären lassen. Abwechslungsreiche Ernährung und Vitamine sowie Sonnenbäder unterstützen den Gefiederstoffwechsel.

Schonen von Bein oder Flügel

Problem: Der Nymphensittich benutzt nur ein Bein zum Stehen oder er ist nicht flugfähig, da er einen Flügel ganz oder teilweise nicht bewegen kann.
Mögliche Ursachen: Die Ursachen können von einer Prellung bis hin zu einem Bruch reichen.
Abhilfe: Ist die Gliedmaße, wenn auch unter Schmerzen noch beweglich, so liegt in der Regel keine Fraktur vor, es handelt sich in den meisten Fällen um eine Prellung. Reiben Sie dann die betreffende Stelle mit Sportsalbe ein.
Bei unbeweglichen oder schlaff herabhängenden Gliedmaßen sollten Sie durch eine Röntgenuntersuchung Ihres Vogels beim Tierarzt Klarheit schaffen lassen.

Streit in der Voliere

Problem: In einer Voliere wurden einem brütenden Nymphensittichpaar neue Artgenossen dazugesellt. Das Paar reagiert aggressiv auf die anderen Nymphensittiche.
Ursache: Das brütende Paar hat nicht die Möglichkeit, sein kleines Revier innerhalb der Voliere abzugrenzen.
Abhilfe: Ein brütendes Paar sollte man nicht mit neuen Artgenossen konfrontieren. Die Aggression der künftigen Vogeleltern könnte sonst die Vergesellschaftung auf Dauer gefährden. Achten Sie aber grundsätzlich darauf, daß die Voliere groß genug ist, damit jedes brütende Paar während der Brutzeit sein kleines Revier abgrenzen kann. Besetzen Sie die Voliere immer gleichmäßig mit ebenso vielen Männchen wie Weibchen. Sorgen Sie für genügend Nistkästen, wenn Sie mehrere Vogelpaare halten.

Der Vogel ist zu dick

Abhilfe: Der Nymphensittich ist im Lauf der Zeit so dick geworden, daß er kaum noch fliegen kann.

Der Moment ist günstig. Keiner sieht, wie das Brot stibitzt wird.

VERSTEHEN LERNEN UND BESCHÄFTIGEN

Ursachen: Dick werden Nymphensittiche vor allem bei falscher Ernährung, einseitiger Fütterung und bei Bewegungsmangel.
Vorlieben entwickeln viele Nymphensittiche für Sonnenblumenkerne, die auch in den Fertigfuttermischungen enthalten sind. Damit nehmen die Tiere zu viele Fette auf, die nicht mehr abgebaut werden können.
Unsere Heimvögel müssen ja im Gegensatz zu ihren wilden Artgenossen ihr Futter nicht den ganzen Tag über mühevoll selbst suchen.
Abhilfe: Kleinere Körner wie etwa Hirse oder Glanzsaat enthalten mehr Kohlenhydrate und Ballaststoffe, aber weniger Fett als beispielsweise Sonnenblumenkerne. Sie verursachen daher nicht ganz so schnell eine Verfettung des Nymphensittichs und regen noch dazu die Darmtätigkeit an.
Der Vogel muß, um den gleichen Energiegehalt zu erzielen wie etwa beim ausschließlichen Verzehr von Sonnenblumenkernen, mehrere kleine Körner entspelzen und verzehren. Dies beschäftigt ihn deutlich länger am Tag, und er verbraucht dabei mehr Ernergie.
Viele Vögel neigen dazu, nur das zu fressen, was ihnen besonders schmeckt. Wenn Sie als Halter dann dem Verlangen des Tieres nachgeben und ihm nur solche Saaten vorsetzen, die der Vogel besonders mag, ist die einseitige Ernährung über kurz oder lang vorprogrammiert.
Ein gutes Mischverhältnis der Körner, eher zu Lasten der fetthaltigen Saaten, ist daher sehr wichtig.
Hat der Nymphensittich alle Sonnenblumenkerne in seiner Tagesration verzehrt, so muß er, um seinen weiteren Hunger zu stillen, auf die kleineren Körner zurückgreifen.
Auch die Gabe von Nüssen, egal welcher Sorte, sollte auf ein Minimum beschränkt sein. Nüsse sind ebenfalls sehr fetthaltig.
Hinweis: In einer Volieren- oder Gemeinschaftshaltung findet man kaum Vögel, die zu dick sind. Die Tiere animieren sich gegenseitig zum Bewegen und »kämpfen« manchmal um den besten Platz am Futternapf. Somit kann sich erst gar nicht Fett am Körper ansetzen. Einen Vogel, der zu dick ist, sollte man keinesfalls auf Nulldiät setzen und seine Futterration stark verkleinern. Im Falle einer Krankheit oder bei Streß steigt nämlich der Körpergrundumsatz, und der Vogel braucht mehr Energie. Kann er diese dann nicht aufnehmen, wird sich sein Zu-

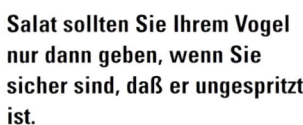

Salat sollten Sie Ihrem Vogel nur dann geben, wenn Sie sicher sind, daß er ungespritzt ist.

HALTUNGSPROBLEME LÖSEN

stand schnell verschlechtern. Besser geeignet, das Gewicht zu kontrollieren, sind genügend Bewegung und eine abwechslungsreiche und ausgewogene Ernährung.
Leckerbissen wie etwa eine Nuß erfüllen ihren belohnenden Zweck auch, wenn man sie halbiert oder viertelt.

Die Mauser

Problem: Der Nymphensittich verliert das ganze Jahr über einzelne Federn.
Ursache: Papageienvögel wie die Nymphensittiche mausern nahezu das ganze Jahr hindurch kontinuierlich.
Als Mauser bezeichnet man das regelmäßige Wechseln des Gefieders.
Die Mauser ist keine Krankheit, sondern ein natürlicher Vorgang. Darum dürfen auch immer einige wenige Federn im Käfig liegen. Würde ein Vogel schlagartig sein Federkleid verlieren, wäre er flugunfähig. In der Natur würde solch ein Vogel schnell Opfer seiner Feinde.
Allerdings gibt es die sogenannte Schreckmauser, bei der der Vogel tatsächlich in Todesnot viele Federn abwirft,

um einem Feind zu entkommen.
Bedingt durch leichte Stoffwechselstörungen, wie sie öfter bei älteren Tieren vorkommen, kann die Mauser auch einmal ins Stocken geraten. Solche Vögel brauchen viel Keimfutter (→ Seite 58 f.) und Multivitaminpräparate speziell für mausernde Vögel (beim Tierarzt erhältlich). Therapeutisch wirksame Mittel, die speziell auf den Vogelorganismus abgestimmt sind, erhält man ebenfalls beim Tierarzt.
Die Mauser kann den Vogelorganismus schwächen, da der Aufbau neuer Federn Energie kostet.
Ruhe und ausgewogene Ernährung lassen diesen Zustand aber ohne große Probleme vorübergehen. Bei älteren Tieren kann eine Rotlichtbestrahlung unterstützend wirken (→ Seite 73).

Federrupfer

Problem: Der Nymphensittich ist bis auf die Kopfregion fast am gesamten Körper kahl. Er rupft sich die Federn aus.
Mögliche Ursachen: Meist kommt diese Krankheit bei Großpapageien vor, aber auch

Nymphensittiche können betroffen sein.
Die Ursachen reichen von Mangelernährung, einer Hauterkrankung über Streßbewältigung bis hin zu Langeweile.
Seelische Ursachen stehen häufig im Vordergrund. Besonders bei sehr zahmen Tieren ist dies oft der Fall.
Abhilfe: Hat ein Vogel erst einmal mit dem Rupfen begonnen, ist es sehr schwer, ihn davon wieder abzuhalten, auch wenn die Ursache, beispielsweise eine Hauterkrankung, schon längst behoben ist. Möglichst viel Abwechslung vom tristen Käfigleben, ein Artgenosse oder Volierenhaltung können heilend wirken, weil der Vogel so abgelenkt wird. Vorher sollten Sie jedoch medizinische Ursachen vom Tierarzt abklären lassen.
Hinweis: Von der Norm abweichende Federn weisen auf Federmißbildungen hin. Diese sind oft angeboren. Eine Therapie gibt es kaum. Einzelne, störende Federn kann man vom Tierarzt ziehen lassen.
Es sollte abgeklärt werden, ob die Federmißbildung durch Mangelernährung oder eine eventuelle Stoffwechselstörung hervorgerufen sein kann.

ALLGEMEIN WICHTIGES

Meine Nymphensittiche

Hier ist Platz für das Lieblingsfoto.

Name

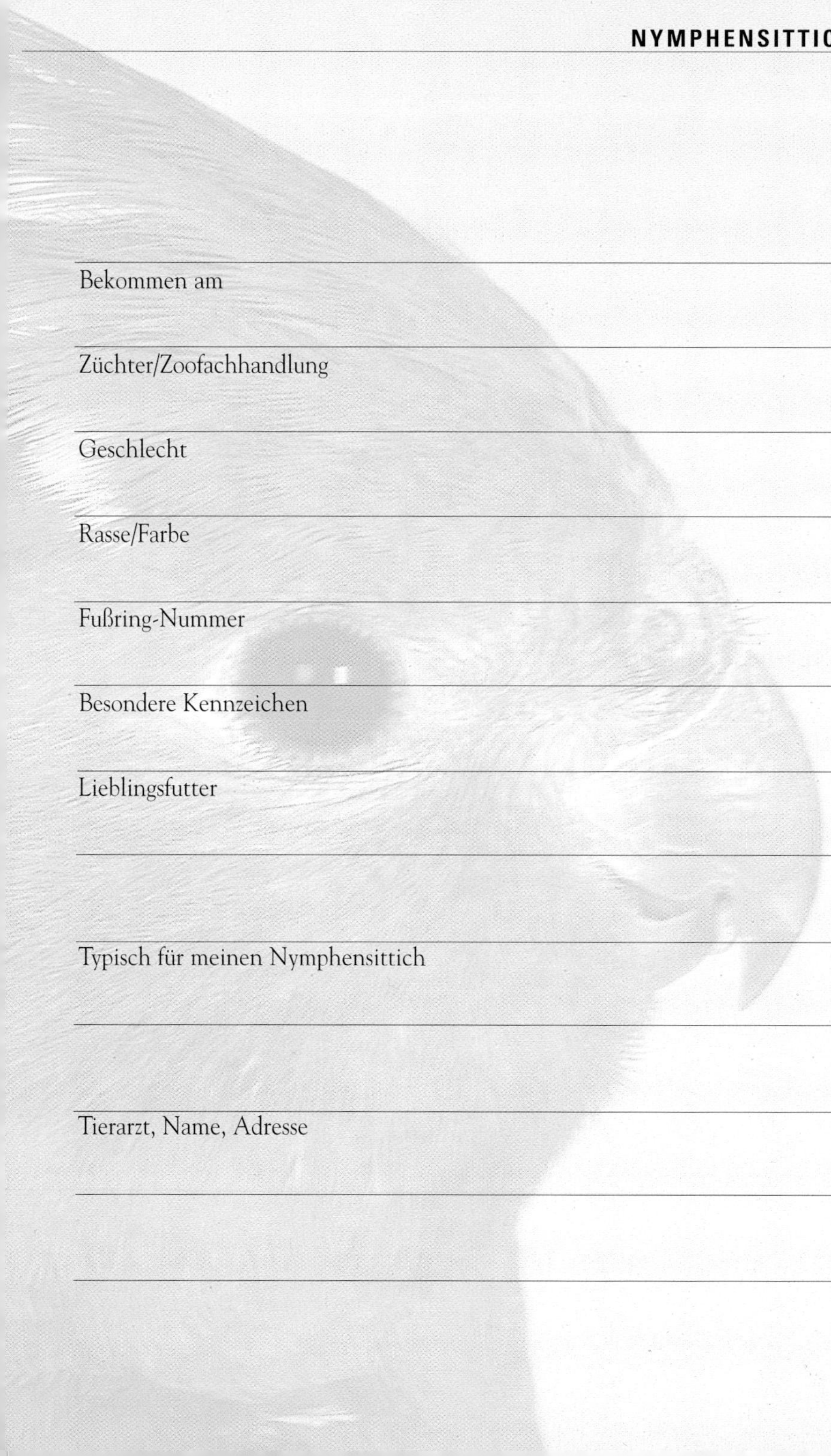

NYMPHENSITTICH-STECKBRIEF

Bekommen am

Züchter/Zoofachhandlung

Geschlecht

Rasse/Farbe

Fußring-Nummer

Besondere Kennzeichen

Lieblingsfutter

Typisch für meinen Nymphensittich

Tierarzt, Name, Adresse

ALLGEMEIN WICHTIGES

Die **halbfett** gesetzten Seitenzahlen verweisen auf Farbfotos und Zeichnungen.

A
lbino	34, **37**
Alter	18
Alter beim Kauf	30
Aneinander gewöhnen	112
Angst	94
Anspannung	94
Artenschutz	27
Atembeschwerden	78
Atemwege, Krankheiten der	78
Aufzuchtfutter	61
Augen	30, 32, 33
Augentropfen eingeben	79
Aussehen	10
Ausstattung	42
Auswahl der Vögel	28

B
aden	67
Badehäuschen	**44**, 49
Balzgesang	82
Balzverhalten	80, 81, **81**
Bein ausstrecken	90
Beschäftigen	104, **104**, 105, 106, 107, 108, 110, 111
Beringen	**86**, 87
Blutung stillen	74
Blutverlust	54
Bodenwanne	42
Brustbein	32
Brustmuskulatur	32
Brut	10

Brüten	
–, in Australien	12
–, ungewolltes	27
Brutbeginn	10
Brutdauer	10
Brutstimmung	81
Bürzeldrüse	67

C
ornflakes	**42**
Cremefarbene	34

D
esinfektion	71
Durchfall	76
Duschbad	68

E
iablage	10, 11, 84
Eier, befruchtete	**84**, **87**
Eier pro Gelege	10
Eingewöhnung	98
Einklemmen	54
Einsperren	54
Einzelhaltung	22
Entfliegen	52
Entspannung	94
Entwicklung der Jungvögel	85, **82**, **83**
Ernährung	58
Essensreste	65
Erste-Hilfe-Maßnahmen	73
Ertrinken	54

F
arbensehen	97
Farbschläge	15, 34, **34/35**
– Albino	34, **37**
– Geperlte	34, **38**, **39**
– Gesäume	34, **38**
– Isabellfarbene	34
– Lutino	34, **37**, **U4**
– Perlschecke	**23**
– Schecken	17, 34, **36**, **37**, **39**, **U4**
– Schwarzaugen	34
– Silberfarbene	34
– Zimtschecken	34
– Zimtweißkopf	34
– Zimter	34
– Weißkopf	34, **36**, **38**, **39**
– Weikopfschecken	15, **36**
– Wildfarbene	**U1**, **8**, 16, **36**, **37**
Federbalgzysten	75
Federhaube	94
–, Stellungen der-	**94/95**
Federlinge	74
Federn, lose	**16**, 14
Federrupfer	117
Feinde, natürliche	10
Fertigfutter	58
Fettgeschwulste	74
Fliegen	9, **9**, **29**, **43**
Flügel heben	90
Flügel schlagen	90
Flügel strecken	91
Freiflug	102
Freivoliere	**43**
Früchtetee	64
Fußring	26
Futter	58

120

-gefäße	**44**, 47		Gifte	54
–, Keim-	61		Giftige Pflanzen	55
-menge	60		Gitterstäbe	42
–, natürliches	58		Grabmilben	74
-pellets	58		Grit	47
-qualität	58		Größe	10
–, Quell-	61			
–, schädliches	65		**H**altung eines Pärchens	22
-spender	47		Hahn	8, 20
–, verdorbenes	60		Hagebutten	**21, 46**
			Haltung	
Gähnen	93, 114		–, Einzel-	22
Gefahren	47, 52, 54, **55**		–, Paar-	22
Gefährliche Pflanzen	55		Haltungsprobleme	112
Gefieder aufplustern	93		Handaufzucht	87
Gefieder ausschütteln	92		Handzahm machen	99, 101,
Gefieder	13, 30, 32, 33			**101**
-pflege	**66**, **67**		Hartholzstangen	44
Gefieder einfetten	67			
Gefiederstauballergie	16			
Gehirn-				
erschütterung	78			
Gehör	97			
Gemüse	61			
Geperlte	18/19, 34,			
	38, 39			
Geruchssinn	97			
Gesäumte	34, 38			
Geschlechtsreife	10			
Geschlechts-			Hamster	24
unterscheidung	20		Haube	33
Geschmack	97		Hautrötungen	32
Geschwulste	74		Haut-	
Gesundheitsvorsorge	72		veränderungen	114
Getränk	64		Heimat	8, 12
Gewicht	10		Heimtiere, andere	23

Von hoher Warte aus kann man alles überblicken.

ALLGEMEIN WICHTIGES

Henne	20
Hitzschlag	54
Höhlenbrüter	10
Hühnereierschalen	65
Hund	20, 24
Hygiene	66

Imponiergehabe	91
Intelligenz	94
Interesse	94
Isabellfarbene	34

Jugendzeit	87
Jungvogel	30, 33, **58/59**
Jungvögel, Entwicklung der	**82**, 83, 85

Käfig	42, **45**
-ausstattung	42
-standort	50
Kalksteine	65
Kakteen	55
Kamillentee	64
Kaninchen	24
Kartoffeln, rohe	65
Katze	24
Kauf	28
-bescheinigung	28
-vertrag	28
Keimfutter	61
Kinder und Nymphensittiche	24, **24**, 52, 103
Kletterbaum	56, **56**, 57
Klettern	42
Kloake	32
Kloake, Blut an der	113
Knabberstangen	64, **64**
Knochenbrüche	74
Kohl	65
Kolbenhirse	64, **68**

Kopffedern plustern	93
Kontaktruf	9
Körnerhülsen entfernen	**57**
Körperbau	13
Kot entfernen	70
Kotveränderungen	113
Krallen, zu lange	73
Krämpfe	78
Kranker Nymphennsittich	32, **78**
Krankheiten	72
Krankheitsanzeichen	73
Kraulen	31, 83, 98
Kratzen	**71**, 92
Kräuter	60, 61, **122**
Kreislaufkollaps	54
Kropf abtasten	**87**
Kropfentzündung	76

Lähmungen	78
Lautsprache	94
Lebenserwartung	10
Lebenserwartung	18
Lebensraum	8, 10
Lebensweise	14
–, natürliche	9
Leckerbissen	28, 64
Leitungswasser	64
Luftsackriß	75
Lutino	34, 37, **U4**

Dieser Nymphensittich weiß noch nicht so recht, ob er das Basilikum probieren soll.

122

REGISTER I BIS S

Maiskolben 28
Maske 20
Mäuse 24
Mauser 10, 117
Medikamente eingeben 79, 79
Meerschweinchen 24
Mineralstoffe 65
Mineralwasser 64

Nachahmungsgabe 110
Nachtruhe 102
Nachwuchs 10, 80
Nahrung 58
–, natürliche 58
–, schädliche 65
–, verdorbene 60
Nahrungsmenge 60
Name, lateinischer 14
Naschen vom Tisch 65
Naturholzäste 44, **48**
– befestigen **57**
Nasenlöcher 30, 32
Nestkontrolle 84
Nestlingszeit 10
Niesen 93, 114
Nisthöhle 11, 80
Nistmaterial 81
Nistkasten 49, 80
  -kontrolle 84
Nymphensittich
–, erwachsener 33
–, gesunder 30
–, kranker 32, **78**
-paar 33, 81

–, wildfarbener 8, 16
Nymphensittiche,
  in der Natur 6/7, 8, **10/11**, 90/91
Nymphensittiche aneinander
gewöhnen 112
Nymphicus
  hollandicus -Kerr 15

Obst 61, 63, 66, 124
Ornithose 79

Paarhaltung 22
Paarung 82
Papageienkrankheit 79
Parasitenbefall 74
Perlschecke **23**
Pflanzen, giftige 55
Pflege 66
  -maßnahmen 69, 70
  -plan 69
Psittakose 79
Putzen, sich 30, 66, **67**, 71, 91

Quellfutter 61

Rechtsfragen 26
Revierverhalten 11
Rotlichtbestrahlung 73, **78**
Ruhen auf einem Bein 90

Salat 62
Salbe auftragen 79
Salz 65
Sandpapier **44**
Schaukel 4, 32, 72, 121
Schecken 17, 34, 36, 37, 39, U4
Scheu bleiben 112
Schimmelpilze 60
Schlafen 30, 32
Schlafhaltung **95**
Schnabel 14, 33
–, zu langer 75
Schnabelwachstum,
  übermäßiges 75
Schnabelwetzstein **44**, 47
Schütteln, sich 92
Schwanz 10
Schwanzfedern 14
Schwarzauge 34
Sehvermögen 97
Selbständigkeit 87
Silberfarbene 34
Sinnesleistungen 97
Sittichräude 74
Sitzstangen 43, 44
  – befestigen **57**
  – aus Hartholz 44
  – aus Naturholz 44, **48**
  – aus Plastik 44
Spiegel 73, 108, 127
Spielen 104
Spielzeug 48, 108
Sprechen lernen 110
Sprühflasche 68
Spurenelemente 65
Stammform 13

123

ALLGEMEIN WICHTIGES

Strecken, sich	**27, 77, 96**
Streit	115
Stromschlag	54

Taubad | **13, 68**
Taubensteine | 65
Tierarzt, Besuch beim | 79
Töne nachpfeifen | 110
Transport | 79, 98
 -box | **44**
Tretakt | 83
Trinken | **113**
Trinkgefäße | 47

Umgang, der richtige | 98
Ungeeignetes Futter | 65
Ungewolltes Brüten | 27
Urlaub | 25

Verbrennungen | 54
Verdauungstrakt | 75
Verfettung | 58, 116
Vergiftung | 54
Verhaltensweisen | 90
Verklebungen | 32, 54
Verletzungen | 73, 54, 114
Verstopfung | 75

Vitamine | 64
Vogel
 -bad | 67
 -baum | 56, 56, 57
 -grit | 47
 -läuse | 74
 -milben | 74
 -organismus | 72
 -sand | 47, **97**
 -sitter | 25
 -trank | 64
Vogel, stiller | 112
Vogel, zu dicker | 116
Volieren | 43
 –, Zimmer- | 43
 –, Frei- | 43, **49**

Wasserspender | 47
Watte | 22
Weiße | 34
Weißkopf | 34, **38, 39**
Weißkopfschecken | **15**, 36
Wildfarbene | **U1**, 8, 16, **36, 37**

Zahm werden | 101
Zanken, sich | 115
Zimmer, das vogelsichere | 51
Zimmerpflanzen | 55
Zimmervoliere | 43
Zimter | 34, 36
Zimtschecken | 34
Zimtweißkopf | 34
Zitrusfrüchte, 62
Zucht | 26, 80
 -erlaubnis | 27
 -paar | 81
 -voraussetzungen | 80
Zutrauen gewinnen | 99

Obst enthält viele Vitamine. Es gehört unbedingt zu einer gesunden Vogelernährung.

ADRESSEN, LITERATUR

Adressen, die weiterhelfen

AZ –Vereinigung für Artenschutz, Vogelhaltung und Vogelzucht e.V., Postfach 1168, D-71501 Backnang (Anfragen nur schriftlich)

Zoologische Gesellschaft Österreichs, Haus des Meeres, Esterhazypark 6, A-1060 Wien. (Anfragen nur schriftlich)

Fragen zur Vogelhaltung

beantworten auch Ihr Tierarzt und Ihr Zoofachhändler, der Zentralverband Zoologischer Fachbetriebe Deutschland e.V., 63225 Langen, Tel. 06103-910 732 (nur telefonische Auskunft möglich)

Der ZZF hat einen bundesweiten Suchdienst für entflogene Vögel eingerichtet. Alle beringten Vögel können aufgrund der Fußringe identifiziert werden.

Bücher, die weiterhelfen

(falls nicht im Buchhandel, dann in Bibliotheken erhältlich)

Aeckerlein, W. (1993): *Die Ernährung des Vogels. Grundlagen und Praxis.* Eugen Ulmer Verlag, Stuttgart.

Dorenkamp, B. (1997): *Naturheilpraxis Vögel.* Gräfe und Unzer Verlag, München.

Hahn, U.: *Vogelkrankheiten - Ursachen, Erkennung, Behandlung.* Verlag M. & H. Schaper, Alfeld.

Hiller, K. u. Bickerich, G.: *Giftpflanzen.* Ferdinand Enke Verlag, Stuttgart.

Holzheimer, J.P.: *Krankheiten der Käfig- und Volierenvögel.* Natur-Verlag, Augsburg.

Robiller, F: *Vogelkäfige und Volieren. Bau, Gestaltung, Zubehör.* Augustus Verlag, Augsburg.

Schnabl, H.: *Wild- und Kulturpflanzen. Futtermischungen und animalische Futterstoffe zur Vogelernährung.* Albrecht Philler Verlag, Minden.

Wolter, A.: *Sittiche richtig pflegen und verstehen.* Gräfe und Unzer Verlag, München.

Zeitschriften

AZ Nachrichten. Vereinsgebundene Zeitschrift für Mitglieder der AZ.

Das Tier. Egmont Ehapa Verlag, Leinfelden-Echterdingen.

Gefiederte Welt. Eugen Ulmer Verlag, Postfach 70 05 61, 70574 Stuttgart.

Die Voliere. Verlag M. & H. Schaper, Postfach 1642, 31061 Alfeld.

WP-Magazin. Zeitschrift für Wellensittich- und Papageien-Halter. Arndt Verlag, Bretten.

Der Autor

Thomas Haupt, von Jugend an mit Tieren aufgewachsen, arbeitet seit 1992 als Tierarzt in eigener Praxis mit einem relativ großen Vogelanteil. Er hält viele Vögel, vor allem Sittiche und Papageien. Darüber hinaus unterhält er noch eine Pflegestation für verletzte Wildtiere.

ALLGEMEIN WICHTIGES

Die Fotografin
Die Fotos in diesem Buch stammen von Karin Skogstad, mit Ausnahme von:
Juniors/Liebold: Seite 20;
Juniors/Wegner: Seite 27, 38 li.u., 48, 67, 82 re.;
Kuhn: Seite 98. 99, 104, 106, 115, 121, 128 li.o.;
Pfeffer: Seite 36 mi.u., re.u., 37 li.o., re.o., re.u., 39 li.o., li.u., 49;
Reinhard: Seite 8, 9, 18/19, 29, 31, 34/35, 36 li.o., 37 re.u., 39 re.o.;
Schweiger/Arendt: Seite 6/7, 10/11, 90/91.
Karin Skogstad arbeitet seit 1979 als freie Journalistin und Fotografin. Ihre Spezialgebiete sind Tiere und Pflanzen.

Die Zeichnerin
Renate Holzner arbeitet als freie Illustratorin in Regensburg. Ihr Repertoire reicht von Strichzeichnungen über fotorealistische Illustrationen bis hin zur Computergrafik.

Dank
Autor und Verlag danken Herrn Reinhard Hahn für den Beitrag »Rechtsfragen zur Nymphensittich-Haltung«.

Die Fotos auf dem Buchumschlag und im Innenteil:
Umschlagvorderseite: Naturfarbener Hahn (großes und kleines Foto).
Seite 2/3: Frisches Grün ist nicht nur eine willkommene Abwechslung auf dem Speiseplan, sondern auch sehr gesund.
Seite 6/7: Nymphensittiche in ihrem natürlichen Lebensraum.
Seite 42/43: Mit Hilfe des Schnabels und der Zunge wird alles auf Eßbarkeit hin geprüft.
Seite 90/91: Kolbenhirse gehört zu den begehrtesten Leckerbissen.
Umschlagrückseite: Geschecktes Männchen und Lutino an der Kolbenhirse.

Impressum
© 1999 Gräfe und Unzer Verlag GmbH, München.
Alle Rechte vorbehalten. Nachdruck, auch auszugsweise, sowie Verbreitung durch Film, Funk und Fernsehen, durch fotomechanische Wiedergabe, Tonträger und Datenverarbeitungssysteme jeder Art nur mit schriftlicher Genehmigung des Verlages.
Redaktion: Gabriele Linke-Grün, Anita Zellner
Umschlaggestaltung und Layout: Heinz Kraxenberger
Zeichnungen: Renate Holzner
Herstellung: Heide Blut/Renate Hausdorf
Satz: Heide Blut
Reproduktion: Penta Repro
Druck und Bindung: Appl

ISBN 3-7742-3711-5

Auflage	4.	3.	2.	1.
Jahr	2002	2001	2000	99

IMPRESSUM, WICHTIGE HINWEISE

Wichtige Hinweise

Menschen, die an einer Feder- beziehungsweise Federstauballergie leiden, sollten keine Vögel halten. Fragen Sie im Zweifelsfall vor der Anschaffung den Arzt.

Die Papageienkrankheit, auch Psittakose oder Ornithose genannt, ist eine Bakterieninfektion, die durch Einatmen von Kotstaub infizierter Vögel oder von deren Nasensekret auch auf den Menschen übertragbar ist (→ Seite 79). Gehen Sie im Zweifelsfall mit dem Nymphensittich zum Tierarzt, suchen Sie bei Erkältungs- oder Grippeerscheinungen unbedingt selbst den Arzt auf, und weisen Sie ihn auf die Vogelhaltung hin.

Das Nymphensittich-Ratespiel (hintere Buchklappe) Auflösung

1b (→ *Nymphensittiche sind klug, Seite 94*).
2a (→ *Tabelle, Seite 33*).
3a (→ *Balzverhalten und Hochzeit, Seite 81*).
4a (→ *Wie »wäscht« sich der Vogel?, Seite 66*).
5b (→ *Wenn ein Vogelpartner stirbt, Seite 114*))
6a (→ *Verhaltensweisen, Seite 90*).
7a (→ *Die Geschlechtsunterscheidung, Seite 20*).
8b (→ *Foto, Seite 124*).
9b (→ *Verhaltensweisen, Seite 90*).
10a (→ *Bereicherungen des Speiseplans, Seite 64*).

Wer ist denn der fremde Vogel im Spiegel? Das muß näher erkundet werden.

Das Nymphensittich-Ratespiel

Hier kannst du testen, wieviel du bereits über deine Nymphensittiche weißt. Kreuze bei jedem Bild die richtige Antwort an. Die Auflösung findest du auf Seite 127.

Das Nymphensittich-Männchen hält seinem Weibchen offenbar eine »Standpauke«.

1 ☐ a) Der Vogel riecht nur an den Beeren.
☐ b) Er untersucht sie mit dem Schnabel.

2 ☐ a) Diese Nymphensittiche sind erst vor kurzer Zeit flügge geworden.
☐ b) Es handelt sich um eine Gruppe erwachsener Nymphensittiche.